팬덤영어

만빙고 GO

voca

만화보고
빙고하러
Go~go~go~

실력완성

만화보고 빙고하러 **Go~ go~ go~**

만빙Go!

어휘가 말하기, 듣기, 읽기, 쓰기 네 가지 기능의 핵심적 요소로서, 원활한 의사소통의 근간을 이룬다고 볼 때, 어휘력은 언어 능력 신장에 구심점 역할을 하는 지표가 된다고 할 수 있습니다. 그러나 어휘학습의 중요성에 대한 이러한 인식에도 불구하고 어휘학습을 위한 시간 투자는 학습자들의 몫으로 두고, 우리나라 영어교육 현장에서는 어휘교육에 대한 많은 시간 할애가 이루어지지 못하고 있는 것이 현실입니다. 어휘 암기 학습이 학습자의 몫이긴 하지만, 단시간 내에 이루어지는 것이 아니기에 자발적 학습을 유도하여 장기적인 학습이 이루어지도록 촉매제를 제공해주는 것은 교수자들의 몫이라고 생각합니다. 촉매제란 학생들의 자발적, 능동적 학습을 이끄는 흥미와 동기유발로 성공적인 언어 구사 능력배양에 결정적인 요소로 작용하기에 전제되어야 할 중요한 요인이라고 보아도 과언은 아닐 것입니다.

이에 저는 학생들의 흥미와 동기부여의 전제조건을 충족시킬 수 있는 어휘 지도 교수법을 창안했습니다. 효과적인 어휘 교수법 개발을 위한 노력의 일환으로서 고안된 본 교재의 게임방법은 몇 년간 영어수업에서 적용 해 본 결과, 의사소통능력 향상에 매우 효율적이라는 확신을 갖게 되면서 비롯되었습니다. 이 게임은 개인별 영어능력 수준과 무관하게 비자발적, 수동적 학습태도에서 자발적, 능동적인 학습태도로의 분위기 전환을 가능하게 하였습니다. 이것은 개인차에 의한 영어 수준의 양극화를 완화시킴으로써 수업 진행의 어려움을 최소화시킬 수 있었고, 시너지 효과까지 더해져 수업 내내 학생들의 적극적인 참여 수업으로 연결되어 교육적 목표 달성을 최대화시킬 수 있었습니다.

이러한 게임을 토대로 제작된 **'만빙Go'**교재 활용의 기대 효과로, 첫째는 인지적 측면에서 학생들의 단어, 말하기, 듣기, 읽기, 쓰기 능력 향상에 유용하고, 둘째는 음성학적 측면에서 영어의 음절, 강세 등의 발음 지도에도 효과적이며, 셋째로는 정의적 측면에서 학생들로 부터 자신감, 흥미, 동기유발, 참여도 등을 이끌어 학습 의욕과 성취감을 고취시킬 것으로 예상됩니다.

이러한 긍정적 효과가 영어 부익부 빈익빈 현상으로부터 빚어진 단점들을 보완하고, 학생들 간의 개인차를 줄여 영어 능력의 질적 수준을 향상시킴으로써, 우리나라 영어교육의 활성화에 기여할 수 있기를 소망합니다.

저자 **김양희** 드림

추천사

박준언
숭실대학교 교수

어휘학습은 언어학습의 핵심입니다. 어휘지식 만으로도 의사소통의 60~70%가 가능하기 때문입니다. 본 영어어휘 학습서는 여타 학습서와 달리, 일방적 암기 위주의 어휘학습에서 벗어나, 만화와 게임으로 학습자들의 인지적, 감각적, 상호작용적 능력들을 최대한 활용하여 유의미한 어휘학습이 될 수 있도록, 영어교육의 원리들에 기반한 다양한 어휘의미 이해활동과 표현활동들을 풍부하게 제시하고 있습니다. 영어교육학 이론들을 바탕으로 저술된 본서가 게임 학습법을 통한 우리나라 영어 학습자들의 영어 어휘능력 및 의사소통능력을 신장하는데 크게 기여할 것으로 기대합니다.

이재원
한국외국어대학교 교수

본서는 게임의 장점이 잘 활용된 어휘지도서로서 학생들의 집중력을 향상시켜 외국어 학습효과를 최대화 시킬 수 있는 책으로 보여 집니다. 인위적인 어휘 학습이 아닌 만화를 보며 단어의미를 익히고, 수업에서는 게임을 통해 상황문맥에서 어휘를 습득하고, 연습문제를 통해 스스로 복습할 수 있도록 구성되어 학생들은 자연스럽게 많은 어휘와 문장을 학습 할 수 있을 것으로 생각됩니다.

표경현
단국대학교 교수

특허출원된 이 빙고게임 방법은 오감을 활용함으로써 학생들의 흥미와 학습 동기를 이끄는 창의적 교수법이라고 생각됩니다. 본 학습서는 만화를 통해 예습을 돕고, 게임을 통해 적극적인 수업 참여를 돕고, 리뷰파트를 통해 복습을 돕는 형태로, 학습자의 자발적 학습을 유도할 수 있는 큰 장점이 있습니다. 이러한 영어 학습은 학습자들이 좀 더 쉽고 재미있게 영어에 접근할 수 있도록 도움을 줄 것으로 기대합니다.

Yi Liu
Yanbian University 교수
*Translated by the author

이 책에 소개된 게임은 시작부터 끝까지 다수의 인원이 모두가 수업에 몰입할 수 있도록 구성된 창의적인 교수법이라고 생각합니다. 학생들은 만화와 게임으로써 최소의 시간을 들여 영어 어휘 능력 향상에 최대의 효과를 볼 수 있을 것으로 믿어 의심치 않습니다.

교재 구성

❶ 수능 필수 단어

수능 필수 단어를 중심(기본 단어 일부 추가)으로 560개를 선정하였으며, Unit 14로 나누어 수록하였다.

Unit 1

01 a·ban·don **abandon** [əbǽndən]
떠나다 leave, 버리다 quit, 포기하다 forsake
to leave behind with no plan to return

02 a·bate **abate** [əbéit]
(값을)깎다, (수, 양 따위를)줄이다 decrease
to reduce a price

03 ab·o·li·tion **abolition** [æbəlíʃən]
폐지 discontinuance, 철폐 removal
the official end to a system or a law

04 ab·so·lute **absolute** [ǽbsəluːt]
확실한 certain, 절대적인 perfect
having no doubt

05 ab·sorb **absorb** [æbsɔ́ːrb]
섭취하다 ingest, 흡수하다 soak up
to drink in a liquid

12 실력 완성

❷ 영어 음절 습득 UP!

한국어와 영어 음절수의 구조적 차이를 이해할 수 있도록 영어 음절을 점으로 구분하여 명시함으로써, 두 언어 간의 음절 차이로 인한 오류를 줄일 수 있도록 하였다.

❸ 유의어로 어휘력 UP!

영어단어의 우리말 뜻과 유의어를 제공하여 뜻에 대한 이해를 돕고 어휘력 확장 및 표현의 다양성이 증대되도록 하였다.

❹ 영어 뜻풀이로 원서 읽기 능력 UP!

단어의 뜻풀이를 순수 영어로도 표기하여 영어 뉘앙스에 대한 감각 증진과 더불어 영어 원서 읽기 능력의 기초를 다질 수 있도록 하였다.

❺ 만화 이미지로 기억력 UP!

단어별 만화를 삽입하여 이미지화함으로써, 연상학습을 통한 단어 암기의 장기 기억화에 도움이 되도록 하였다.

❻ 단어 리스트

Unit별 40개의 단어 리스트를 작성하여 학습의 편의성을 도모하였다.

단어 리스트 — Unit 1

01	abandon	떠나다, 버리다, 포기하다	11	accede	응하다, 동의하다, 취임하다
02	abate	(값을)깎다, (수, 양 따위를)줄이다	12	accelerate	속도를 높이다, 촉진시키다, 가속화되다
03	abolition	폐지, 철폐	13	accentuate	두드러지게 하다, 강조하다
04	absolute	확실한, 절대적인	14	accept	받아들이다, 인정하다, 수락하다
05	absorb	섭취하다, 흡수하다	15	access	접근, 입장, (컴퓨터에)접속
06	abstract	요약하다, 개요, 추상적인	16	accident	사고, 재난, 우연
07	absurd	불합리한, 우스꽝스러운	17	acclaim	환호하다, 갈채하다, 호평
08	abundance	풍부, 많음, 다량	18	acclimate	순응하다, 적응하다
09	abusive	욕하는, 모욕적인, 학대하는	19	accommodate	(숙박처를)제공하다, 수용하다, 적응시키다
10	academic	학업의, 학교의, 학술적인	20	accompany	동행하다, 반주하다, (일·현상 등이)동반되다
21	accomplish	성취하다, 수행하다	31	acknowledge	인정하다, 알다, 감사하다
22	accord	일치하다, 조화시키다, 일치	32	acquire	습득하다, 획득하다, 취득하다
23	account	설명하다, 생각하다, 계산, 계좌	33	acquit	무죄로 하다, 석방하다
24	accountant	회계사, 회계원	34	adapt	적응시키다, 순응하다, 개조하다
25	accumulate	모으다, 축적하다, 쌓이다	35	additional	추가의, 추가적인
26	accuracy	정확, 정밀, 정확성	36	adhere	집착하다, 고수하다, 부착하다
27	accuse	고발하다, 비난하다	37	adjust	맞추다, 조정하다, 적응하다
28	accustomed	습관의, 익숙한	38	admirable	칭찬할 만한, 훌륭한, 존경스러운
29	ache	아프다, 통증	39	admit	입장을 허락하다, 인정하다, 입학하다
30	achieve	목적을 이루다, 성취하다	40	adolescence	청소년기, 사춘기

20 실력 완성 · Unit. 1 · 21

만빙Go!

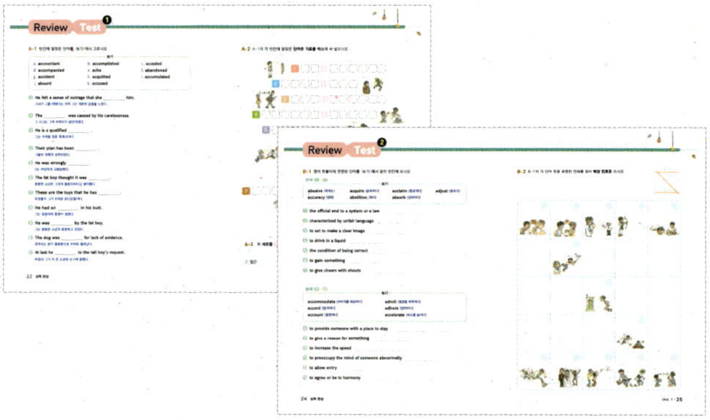

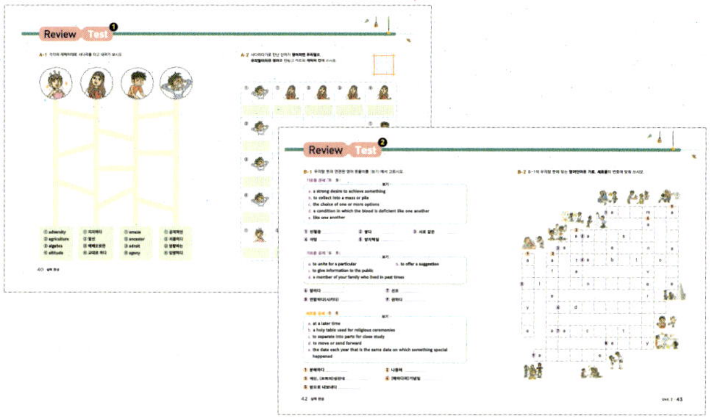

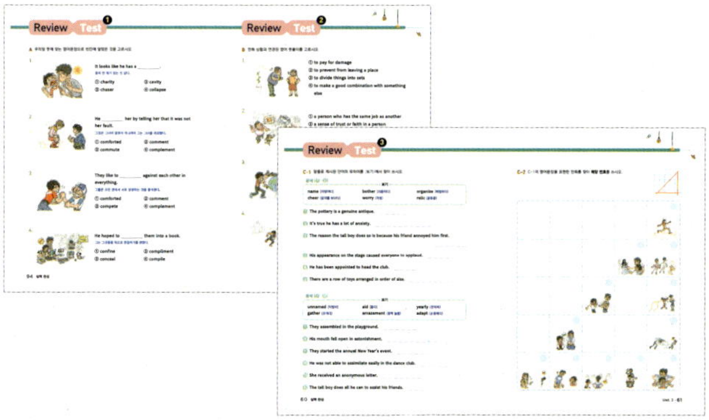

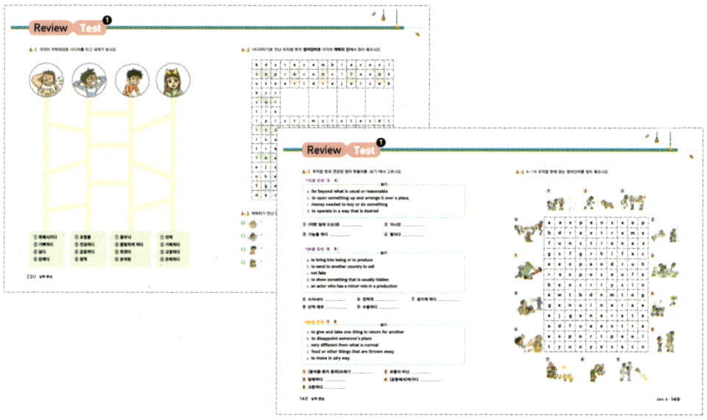

❼ Review Test

다양한 유형으로 어휘력 확장 뿐 아니라, 말하기, 듣기, 읽기, 쓰기 능력의 기초를 다질 수 있도록 하였다.

1) 빈칸 단어 찾고 가로줄 쓰기

2) 영어 뜻풀이와 연관된 단어 쓰고 해당 만화 찾기

3) 사다리 타고 만빙고 카드 채우기

4) 우리말 뜻과 연관된 영어 뜻풀이 고르고 단어 쓰기

5) 영어문장 빈칸 채우기

6) 만화 상황과 연관된 영어 뜻풀이 고르기

7) 단어의 유의어를 고르고 영어문장을 표현한 해당 만화 찾기

8) 사다리 타고 우리말 뜻에 맞는 단어 찾아 묶기

9) 숨은 그림을 보고, 연관되는 것끼리 줄로 잇기

10) 우리말 뜻과 연관된 영어 뜻풀이 고르고 단어 찾아 묶기

만빙고란?

만빙고 프로그램의 개념 및 목표

1 '만빙고 프로그램'이란 '만화보고 빙고 게임' 하는 형식의 특허 출원된 어휘중심 지도 교수법으로, 게임형식을 도입하여 필수 영단어를 자연스럽게 습득 할 수 있도록 창안된 학습 프로그램이다.

2 '만빙Go' 교재를 활용한 '만빙고 프로그램'은 이하 '만빙고'로 이름 한다.

3 영어교육의 성과 목표로서 만빙고는 학생들의 영어 의사소통능력 증진을 상위 목표로, 의사소통능력에 필수 요소가 되는 어휘능력 향상을 하위 목표로 둔다.

4 교수자는 조력자로서 만빙고 게임을 진행하며, 학생들의 흥미를 유발시킴으로써 자발적 참여를 통한 학습 능률을 향상시키도록 한다.

만빙고 게임의 효과

1 시각적, 청각적 노출로 단어, 말하기, 듣기, 읽기, 쓰기 학습에 대한 학생들의 정신적 부담을 줄일 수 있다.

2 만빙고 카드를 완성하는 과정 외에 문제내기, 문제듣기, 정답듣기, 정답찾기 등 일련의 과정들이 반복되는 활동 속에서 단어 암기능력에 대한 장기기억화를 돕는다.

3 단어의 설명적 추론을 통해 상황 문맥 속에서의 단어 인지력 및 활용력을 높여 의사소통능력을 향상시킨다.[1]

4 그룹내의 협동심과 그룹간의 경쟁심을 유발하여 학생들의 자발적이고 적극적인 수업참여를 이끈다.

5 영어 능력의 수준차와 상관없이 흥미를 일으켜 학습 동기 및 학습 의욕을 북돋아 주고 영어 학습에 대한 자신감을 높여준다.

1) 단어의 설명적 추론이란, 뜻을 직접적으로 말해 주지 않고, 동의어, 유의어, 반의어, 또는 의성어 등의 서술적 표현으로 정답을 이끌어내는 방법을 말한다.

만빙고 게임방법

❶ 단어 예습하기

40개 단어의 강세와 음절을 체크하며, 만화를 통해 단어 뜻을 예습한다.

❷ 그룹 만들기

- 그룹별 대항의 게임형식으로, 그룹원은 최소 2명~최대 4명 정도로 구성한다.
- 최소 3팀 이상의 그룹이어야 게임이 가능하므로, 정해진 명수 안에서 최대한의 그룹 수를 만들도록 한다.
- 게임 참여 가능 인원이 총 3 또는 4명이라면 그룹별 대항이 아닌 개인별 대항으로 진행한다.

❸ 만빙고 카드 사용하기

개인별 만빙고 카드(가로 5칸, 세로 5칸, 합 25개 칸)를 각각 사용한다.

❹ 단어 고르고 배열하기

- 각각의 그룹은 40개씩 구성된 단어 리스트에서 25개의 단어를 고른다.
- 개인별로 단어 수를 배분하여 고르도록 한다.
- 이때, 그룹내는 서로 같은, 그룹별은 서로 다른 단어의 구성을 갖게 된다.
- 25개의 단어 배열은 각자 자유롭게 하도록 한다.

만빙고 게임방법

❺ 언어 형식 정하기

그룹별로 정해진 언어 형식에 따라 만빙고 카드를 완성한다.

언어 형식: - Type 1(영/영한) : 영어단어 발음을 듣고, 영어단어와 한국어 뜻을 쓰는 형식
- Type 2(한/영한) : 한국어 뜻을 듣고, 영어단어와 한국어 뜻을 쓰는 형식
- Type 3(영/영) : 영어(영어 뜻풀이)를 듣고 영어단어를 쓰는 형식

❻ 언어 형식에 따라 만빙고 카드 완성하기

- Type 1(영/영한): 그룹내에서 한명이 영어로 불러주고, 나머지 학생들은 영어단어와 한국어 뜻을 쓴다.
- Type 2(한/영한): 그룹내에서 한명이 한국어로 불러주고, 나머지 학생들은 영어단어와 한국어 뜻을 쓴다.
- Type 3 (영/영): 그룹내에서 한명이 영어 뜻풀이로 불러주고, 나머지 학생들은 영어단어를 쓴다.

❼ 순번 정하기

- 그룹내에서 의상, 신체, 소지품등을 지목하여 밝기, 크기 등의 기준을 정해 순서를 정한다.
- 만빙고 카드를 완성할 때, 그 순번에 따라 각자 선택한 단어들을 불러준다.

❽ 단어 채우기 완성 후 발음 연습하기

- 만빙고 카드에 단어 채우기가 완성된 그룹은 다른 그룹이 완성될 때 까지 단어를 복습한다.
- 선별된 25개의 단어만 게임에 활용되는 것이 아니므로, 단어 리스트의 40개 단어를 복습하며 기다린다.

❾ 질문자 정하기

- 첫 번째 문제는 교사가 시작하고, 정답을 맞춘 그룹에서 그 다음 문제의 질문을 이어간다.
- 그룹원들이 모두 질문의 기회를 갖고 참여하도록, '7 순번 정하기'에서 정해진 순번에 따라 질문 하도록 한다.

❿ 문제 설명하기

- 단어 리스트에 있는 한국어 뜻을 직접적으로 말해주지 않는다.
- 정답을 유추할 수 있도록 비슷한말/반대말의 정보를 주거나, 단어가 사용될 수 있는 상황을 설명해준다.

⓫ 정답을 말할 자격 얻기

- 사전에 교사에 의해 정해진 영어단어 또는 짧은 문장을 말하며 손을 들어 정답을 말할 자격을 얻는다.
- 예를 들어 정해진 단어가 'apple' 이라면, 'apple'을 발음하며 손을 든다.

⓬ 정답/오답 알려주기

- 질문자는 답이 "Yes" 나 "No"로 정답 또는 오답임을 알려준다.
- 정답이 만빙고 카드에 있는 경우 해당 단어를 체크하고, 오답인 경우 다른 그룹의 학생에게 대답의 기회가 넘어간다.

⓭ 3빙고 완성하기

- 가로, 세로, 또는 대각선을 이루어 3줄이 완성되면 3빙고가 된다.
- 그룹원들 중 한명이 3빙고가 된 경우, 3빙고가 완성된 그룹으로 인정한다.
- 이후 5개 단어를 추가로 질문하여, 3빙고의 기회를 더 주도록 한다.
- 3빙고를 완성한 사람이 많은 그룹을 1등으로 정하거나, 또는 3빙고가 완성된 그룹의 순서에 따라 순차적으로 1, 2, 3 등의 서열을 정한다.

이 책의 **목차**

Contents

Unit 1

abandon
abate
abolition
absolute
absorb
abstract
absurd
abundance
abusive
academic
accede
accelerate
accentuate
accept
access
accident
acclaim
acclimate
accommodate
accompany
accomplish
accord
account
accountant
accumulate
accuracy
accuse
accustomed
ache
achieve
acknowledge
acquire
acquit
adapt
additional
adhere
adjust
admirable
admit
adolescence

Unit 1

01
a·ban·don **abandon** [əbǽndən]
떠나다 leave, 버리다 quit, 포기하다 forsake

to leave behind with no plan to return

02
a·bate **abate** [əbéit]
(값을)깎다, (수, 양 따위를)줄이다 decrease

to reduce a price

03
ab·o·li·tion **abolition** [æbəlíʃən]
폐지 discontinuance, 철폐 removal

the official end to a system or a law

04
ab·so·lute **absolute** [ǽbsəlu:t]
확실한 certain, 절대적인 perfect

having no doubt

05
ab·sorb **absorb** [æbsɔ́:rb]
섭취하다 ingest, 흡수하다 soak up

to drink in a liquid

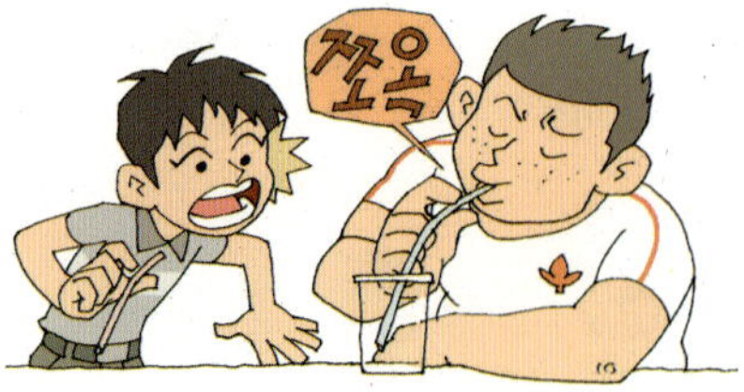

06
ab·stract **abstract** [æbstrǽkt]

요약하다 summarize, 개요 outline,
추상적인 unreal

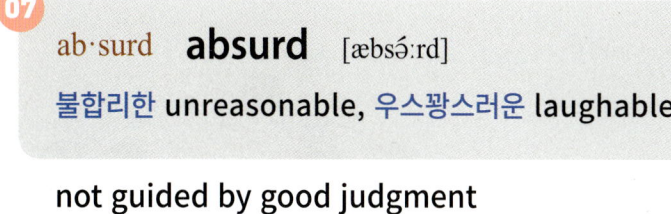

to make a summary

07
ab·surd **absurd** [æbsə́:rd]

불합리한 unreasonable, 우스꽝스러운 laughable

not guided by good judgment

08
a·bun·dance **abundance** [əbʌ́ndəns]

풍부 plenty, 많음 richness, 다양

a large quantity of something

09
a·bu·sive **abusive** [əbjú:siv]

욕하는, 모욕적인 insulting, 학대하는 offensive

characterized by unfair language

10
ac·a·dem·ic **academic** [ækədémik]

학업의 learned, 학교의 educational, 학술적인

having to do with learning

Unit 1

11 ac·cede **accede** [æksí:d]

응하다 accept, 동의하다 agree, 취임하다

to agree to a request

12 ac·cel·er·ate **accelerate** [ækséləreit]

속도를 높이다 speed up, 촉진시키다 advance, 가속화되다

to increase the speed

13 ac·cen·tu·ate **accentuate** [ækséntʃueit]

두드러지게 하다 highlight, 강조하다 emphasize

to give emphasis

14 ac·cept **accept** [æksépt]

받아들이다 receive, 인정하다 admit, 수락하다

to agree to take something that someone gives you

15 ac·cess **access** [ǽkses]

접근 approach, 입장 entry, (컴퓨터에)접속

the act of coming near

16 ac·ci·dent **accident** [ǽksidənt]

사고 crash, 재난 mishap, 우연 coincidence

an event in which someone is hurt or something is damaged

17 ac·claim **acclaim** [əkléim]

환호하다 cheer, 갈채하다 applaud, 호평 admiration

to give cheers with shouts

18 ac·cli·mate **acclimate** [ǽkləmeit]

순응하다 adjust, 적응하다 adapt

to become used to a new situation

19 ac·com·mo·date **accommodate** [əkάmədeit]

(숙박처를)제공하다 house, 수용하다 hold, 적응시키다

to provide someone with a place to stay

20 ac·com·pa·ny **accompany** [əkʌ́mpəni]

동행하다 escort, 반주하다, (일·현상 등이)동반되다

to go somewhere with someone

Unit 1

21 ac·com·plish **accomplish** [əkámpliʃ]

성취하다 achieve, 수행하다 perform

to succeed in doing something

22 ac·cord **accord** [əkɔ́:rd]

일치하다 conform, 조화시키다 concord,
일치 harmony

to agree or be in harmony

23 ac·count **account** [əkáunt]

설명하다 explain, 생각하다 consider, 계산, 계좌

to give a reason for something

24 ac·count·ant **accountant** [əkáuntənt]

회계사, 회계원 bookkeeper

a person whose job is to keep financial accounts

25 ac·cu·mu·late **accumulate** [əkjú:mjəleit]

모으다 assemble, 축적하다 amass, 쌓이다

to gather or collect

26

ac·cu·ra·cy **accuracy** [ǽkjərəsi]

정확 exactness, 정밀 minuteness,
정확성 certainty

the condition of being correct

27

ac·cuse **accuse** [əkjú:z]

고발하다 indict, 비난하다 blame

to say that someone is guilty of a crime

28

ac·cus·tomed **accustomed** [əkʌ́stəmd]

습관의 habituated, 익숙한 familiar

being in the habit

29

ache **ache** [eik]

아프다 hurt, 통증 soreness

to hurt with a constant pain

30

a·chieve **achieve** [ətʃí:v]

목적을 이루다 accomplish, 성취하다 attain

to do or carry out successfully

Unit 1

31 ac·knowl·edge **acknowledge** [æknάlidʒ]

인정하다 accept, 알다 recognize,
감사하다 appreciate

to admit the truth

32 ac·quire **acquire** [əkwáiər]

습득하다 get, 획득하다 obtain, 취득하다 earn

to gain something

33 ac·quit **acquit** [əkwít]

무죄로 하다 absolve, 석방하다 discharge

to free from a charge of breaking the law

34 a·dapt **adapt** [ədǽpt]

적응시키다 adjust, 순응하다 conform,
개조하다 revise

to make something suitable for a purpose

35 ad·di·tion·al **additional** [ədíʃənəl]

추가의 more, 추가적인 extra

more than what was expected

36 ad·here **adhere** [ædhíər]

집착하다 cling, 고수하다 stick, 부착하다

to be fixated on something

37 ad·just **adjust** [ədʒʌ́st]

맞추다 set, 조정하다 fix, 적응하다 adapt

to set to make a clear image

38 ad·mi·ra·ble **admirable** [ǽdmərəbəl]

칭찬할 만한 praiseworthy, 훌륭한 excellent, 존경스러운

worthy of praise

39 ad·mit **admit** [ædmít]

입장을 허락하다 enter, 인정하다 accept, 입학하다

to allow entry

40 ad·o·les·cence **adolescence** [ædəlésəns]

청소년기 boyhood, 사춘기

the period in a person's life between childhood and adulthood

단어 리스트

01	**abandon**	떠나다, 버리다, 포기하다	11	**accede**	응하다, 동의하다, 취임하다
02	**abate**	(값을)깎다, (수, 양 따위를)줄이다	12	**accelerate**	속도를 높이다, 촉진시키다, 가속화되다
03	**abolition**	폐지, 철폐	13	**accentuate**	두드러지게 하다, 강조하다
04	**absolute**	확실한, 절대적인	14	**accept**	받아들이다, 인정하다, 수락하다
05	**absorb**	섭취하다, 흡수하다	15	**access**	접근, 입장, (컴퓨터에)접속
06	**abstract**	요약하다, 개요, 추상적인	16	**accident**	사고, 재난, 우연
07	**absurd**	불합리한, 우스꽝스러운	17	**acclaim**	환호하다, 갈채하다, 호평
08	**abundance**	풍부, 많음, 다양	18	**acclimate**	순응하다, 적응하다
09	**abusive**	욕하는, 모욕적인, 학대하는	19	**accommodate**	(숙박처를)제공하다, 수용하다, 적응시키다
10	**academic**	학업의, 학교의, 학술적인	20	**accompany**	동행하다, 반주하다, (일 · 현상 등이)동반되다

21	accomplish	성취하다, 수행하다	31	acknowledge	인정하다, 알다, 감사하다
22	accord	일치하다, 조화시키다, 일치	32	acquire	습득하다, 획득하다, 취득하다
23	account	설명하다, 생각하다, 계산, 계좌	33	acquit	무죄로 하다, 석방하다
24	accountant	회계사, 회계원	34	adapt	적응시키다, 순응하다, 개조하다
25	accumulate	모으다, 축적하다, 쌓이다	35	additional	추가의, 추가적인
26	accuracy	정확, 정밀, 정확성	36	adhere	집착하다, 고수하다, 부착하다
27	accuse	고발하다, 비난하다	37	adjust	맞추다, 조정하다, 적응하다
28	accustomed	습관의, 익숙한	38	admirable	칭찬할 만한, 훌륭한, 존경스러운
29	ache	아프다, 통증	39	admit	입장을 허락하다, 인정하다, 입학하다
30	achieve	목적을 이루다, 성취하다	40	adolescence	청소년기, 사춘기

Review Test 1

A-1 빈칸에 알맞은 단어를 |보기|에서 고르시오.

보기		
a. accountant	b. accomplished	c. acceded
d. accompanied	e. ache	f. abandoned
g. accident	h. acquitted	i. accumulated
j. absurd	k. accused	

1. He felt a sense of outrage that she __________ him.
   그녀가 그를 버렸다는 것에 그는 격분의 감정을 느꼈다.

2. The __________ was caused by his carelessness.
   그 사고는 그의 부주의가 원인이었다.

3. He is a qualified __________ .
   그는 자격을 갖춘 회계사이다.

4. Their plan has been __________ .
   그들의 계획이 성취되었다.

5. He was wrongly __________.
   그는 부당하게 고발당했다.

6. The fat boy thought it was __________.
   뚱뚱한 소년은 그것이 불합리하다고 생각했다.

7. These are the toys that he has __________.
   이것들이 그가 모아온 장난감들이다.

8. He had an __________ in his butt.
   그는 엉덩이에 통증이 생겼다.

9. He was __________ by the fat boy.
   그는 뚱뚱한 소년과 동행하고 있었다.

10. The dog was __________ for lack of evidence.
    강아지는 증거 불충분으로 무죄로 풀려났다.

11. At last he __________ to the tall boy’s request.
    마침내 그가 키 큰 소년의 요구에 응했다.

A-2 A-1의 각 빈칸에 알맞은 **단어**를 **가로줄 박스**에 써 넣으시오.

1

2

3

4

5

6

7

8

9

10

11

A-3 위 세로줄 안에 숨겨진 단어를 빈칸에 써 보고, 우리말 뜻을 고르시오.

____

① 접근 ② 다양 ③ 청소년기 ④ 정확성

Review Test 2

B-1 영어 뜻풀이와 연관된 단어를 |보기|에서 골라 빈칸에 쓰시오.

문제 [1~7]

| 보기 |

abusive (욕하는) acquire (습득하다) acclaim (환호하다) adjust (맞추다)
accuracy (정확) abolition (폐지) absorb (섭취하다)

1. the official end to a system or a law _ _ _ _ _ _ _ _ _
2. characterized by unfair language _ _ _ _ _ _ _
3. to set to make a clear image _ _ _ _ _ _
4. to drink in a liquid _ _ _ _ _ _
5. the condition of being correct _ _ _ _ _ _ _ _
6. to gain something _ _ _ _ _ _ _
7. to give cheers with shouts _ _ _ _ _ _ _

문제 [8~13]

| 보기 |

accommodate (숙박처를 제공하다) admit (입장을 허락하다)
accord (일치하다) adhere (집착하다)
account (설명하다) accelerate (속도를 높이다)

8. to provide someone with a place to stay _ _ _ _ _ _ _ _ _ _ _
9. to give a reason for something _ _ _ _ _ _ _
10. to increase the speed _ _ _ _ _ _ _ _ _ _
11. to be fixated on something _ _ _ _ _ _
12. to allow entry _ _ _ _ _
13. to agree or be in harmony _ _ _ _ _ _

B-2 B-1의 각 단어 뜻을 표현한 만화를 찾아 **해당 번호**를 쓰시오.

정답 Review Test

Review Test ❶

A-1

1 f　2 g　3 a　4 b　5 k　6 j
7 i　8 e　9 d　10 h　11 c

A-2

1 abandoned
2 accident
3 accountant
4 accomplished
5 accused
6 absurd
7 accumulated
8 ache
9 accompanied
10 acquitted
11 acceded

A-3

adolescence, ③

Review Test ❷

B-1

1 abolition　2 abusive
3 adjust　4 absorb
5 accuracy　6 acquire
7 acclaim　8 accommodate
9 account　10 accelerate
11 adhere　12 admit
13 accord

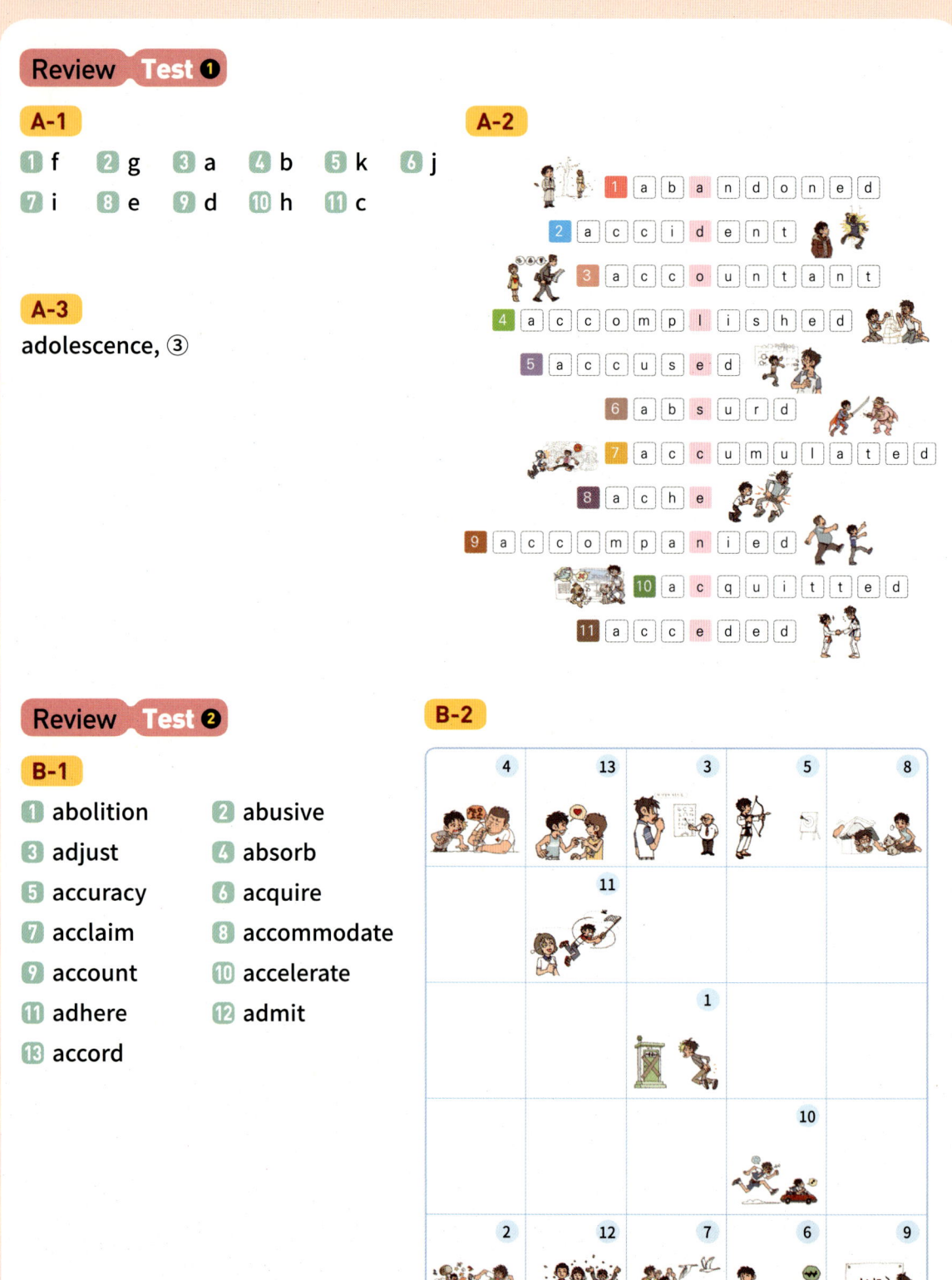

B-2

MANBINGO

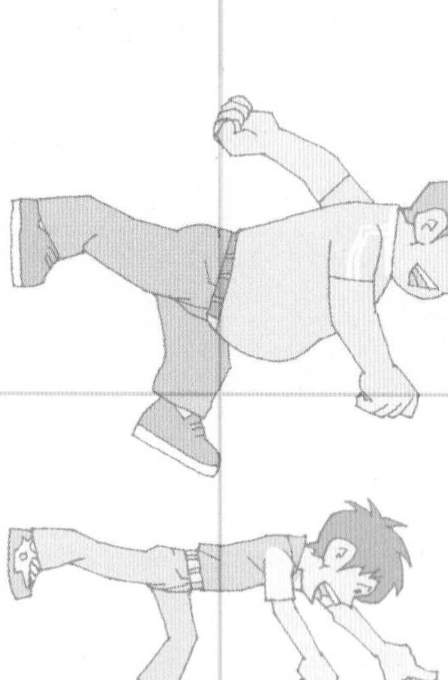

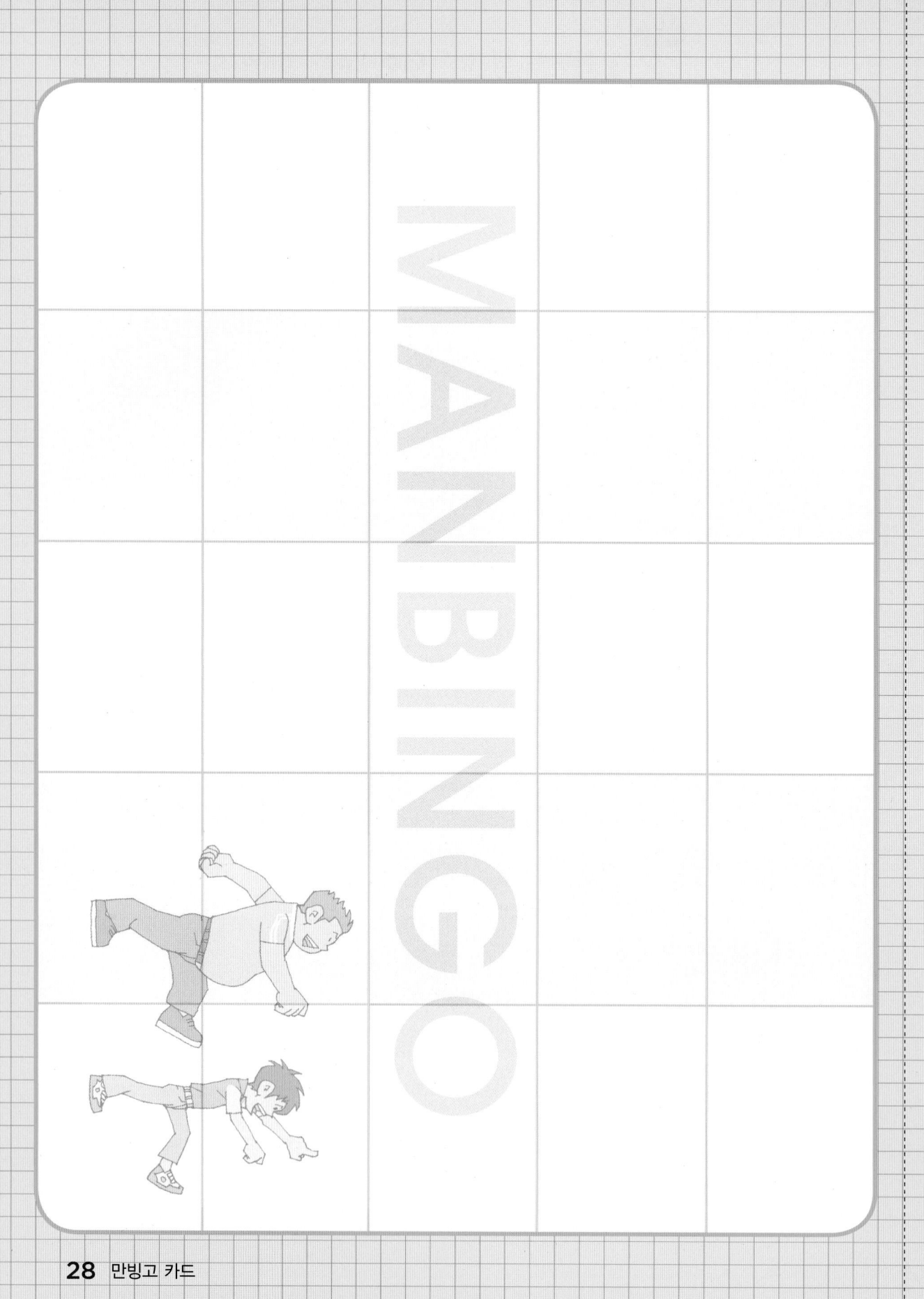

Unit 2

adopt
adrift
adroit
advance
adversity
advertise
advise
advocate
affect
affirm
afflict
afford
afterward
agency
aggressive
agony
agriculture
aircraft
algebra
alienate
align
alike
allot
allowance
ally
altar
alternate
alternative
altitude
amass
amaze
ambiguous
ambition
amuse
analyze
ancestor
ancient
anecdote
anemia
anniversary

Unit 2

01 a·dopt **adopt** [ədάpt]

입양하다, 채택하다 select

to legally take someone else's child as one's own child

02 a·drift **adrift** [ədríft]

방황하는, 빈둥거리는 drifting

wandering aimlessly

03 a·droit **adroit** [ədrɔ́it]

능숙한 skilled, 솜씨 좋은 masterful

skillful with the hands

04 ad·vance **advance** [ædvǽns]

앞으로 내보내다, 진보하다 improve, 발전 progress

to move or send forward

05 ad·ver·si·ty **adversity** [ædvə́:rsəti]

불운 misfortune, 곤궁 hardship, 역경 difficulty

a condition of something very bad or unlucky happening

06

ad·ver·tise **advertise** [ǽdvərtaiz]

알리다 announce, 선전하다 publicize, 광고하다

to give information to the public

07

ad·vise **advise** [ædváiz]

권하다 suggest, 조언하다 recommend, 충고하다 commend

to offer a suggestion

08

ad·vo·cate **advocate** [ǽdvəkeit]

지지하다 uphold, 옹호하다 support, 옹호자 promoter

to publicly support a particular way of doing something

09

af·fect **affect** [əfékt]

영향을 미치다 influence, (정서적)충격을 주다

to cause a change in something

10

af·firm **affirm** [əfə́:rm]

주장하다 claim, 확언하다 assert, 단언하다 insist

to state that something is true

Unit 2

11

af·flict **afflict** [əflíkt]

괴롭히다 distress, 시달리게 하다 annoy, 피해를 입히다

to give someone mental or bodily pain

12

af·ford **afford** [əfɔ́:rd]

(~을 줄, 할)형편이 되다, 제공하다 offer

to be able to give or do

13

af·ter·ward **afterward** [ǽftərwərd]

나중에 later, 후에, 곧 이어

at a later time

14

a·gen·cy **agency** [éidʒənsi]

알선 arrangement, 매개 intermediation,
대리행위(업), 기관

the manner or way in which things are arranged

15

ag·gres·sive **aggressive** [əgrésiv]

공격적인 offensive, 침략적인 combative,
적극적인 active

ready to argue or start fights

16

ag·o·ny **agony** [ǽgəni]

고통 pain, 괴로움 suffering, 고민 anguish

very great pain and suffering

17

ag·ri·cul·ture **agriculture** [ǽgrikʌltʃər]

농업 farming

the practice of farming

18

air·craft **aircraft** [ɛ́ərkræf]

항공기 jet

an airplane for flight

19

al·ge·bra **algebra** [ǽldʒəbrə]

대수학

math that uses letters and symbols

20

al·ien·ate **alienate** [éiljəneit]

멀리하다 estrange, 따돌리다 separate

to cause to become unfriendly

Unit 2

21 a·lign **align** [əláin]

일렬로 세우다 line up, 제휴하다 cooperate, 조정하다

to arrange people so that they form a line

22 alike **alike** [əláik]

서로 같은 identical, 비슷한 similar, 똑같이 equally

like one another

23 al·lot **allot** [əlάt]

분배하다 assign, 할당하다 allocate

to give out according to a plan

24 al·low·ance **allowance** [əláuəns]

허락, 허용량, 용돈 pocket money

the act of allowing

25 al·ly **ally** [əlái]

연합하다(시키다) associate, 협력자 partner, 동맹

to unite for a particular purpose

26 al·tar **altar** [ɔ́:ltər]

제단, (교회의)성찬대 shrine

a holy table used for religious ceremonies

27 al·ter·nate **alternate** [ɔ́:ltərnit]

교대로 하다 rotate, 교체자(물) substitute, 교대의

to take turns

28 al·ter·na·tive **alternative** [ɔ:ltə́:rnətiv]

양자택일 option, 대안 substitute, 대안의

the choice of one or more options

29 al·ti·tude **altitude** [ǽltətju:d]

높이 height, 고지 peak

the height of a thing above earth

30 a·mass **amass** [əmǽs]

쌓다 pile up, 모으다 gather, 축적하다 accumulate

to collect into a mass or pile

Unit 2

31 a·maze **amaze** [əméiz]

놀라게 하다 astonish

to surprise someone very much

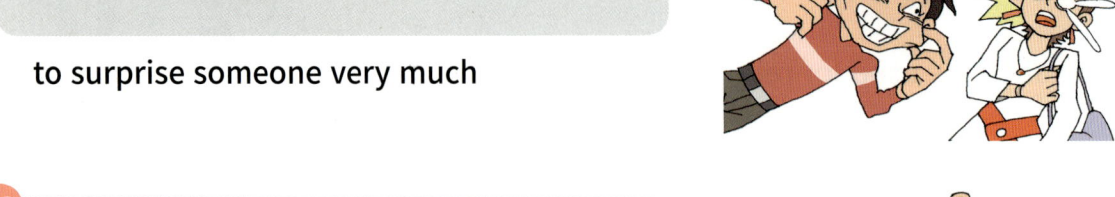

32 am·big·u·ous **ambiguous** [æmbígjuəs]

애매모호한 vague, 분명치 않은 unclear

unclear or uncertain

33 am·bi·tion **ambition** [æmbíʃən]

야망 desire, 포부 aspiration, 열성 zeal

a strong desire to achieve something

34 a·muse **amuse** [əmjú:z]

즐겁게 하다 delight, 기쁘게 하다 please

to cause to smile or laugh

35 an·a·lyze **analyze** [ǽnəlaiz]

분해하다 disjoint, 분석하다 examine

to separate into parts for close study

36 an·ces·tor **ancestor** [ǽnsestər]

선조 forebear, 조상 forefather

a member of your family who lived in past times

37 an·cient **ancient** [éinʃənt]

고대의 antique, 아주 오래된 age-old

belonging to a time long ago in history

38 an·ec·dote **anecdote** [ǽnikdout]

일화 tale, (역사·전기 등의)숨은 사실

a story about a funny event

39 a·ne·mia **anemia** [əní:miə]

빈혈증, 생기의 결핍 lifelessness

a condition in which the blood is deficient

40 an·ni·ver·sa·ry **anniversary** [æ̀nəvə́:rsəri]

(해마다의)기념일, 기념일의

the date each year that is the same date on which something special happened

단어 리스트

01	adopt	입양하다, 채택하다	11	afflict	괴롭히다, 시달리게 하다, 피해를 입히다
02	adrift	방황하는, 빈둥거리는	12	afford	(~을 줄, 할)형편이 되다, 제공하다
03	adroit	능숙한, 솜씨 좋은	13	afterward	나중에, 후에, 곧 이어
04	advance	앞으로 내보내다, 진보하다, 발전	14	agency	알선, 매개, 대리행위(업), 기관
05	adversity	불운, 곤궁, 역경	15	aggressive	공격적인, 침략적인, 적극적인
06	advertise	알리다, 선전하다, 광고하다	16	agony	고통, 괴로움, 고민
07	advise	권하다, 조언하다, 충고하다	17	agriculture	농업
08	advocate	지지하다, 옹호하다, 옹호자	18	aircraft	항공기
09	affect	영향을 미치다, (정서적)충격을 주다	19	algebra	대수학
10	affirm	주장하다, 확언하다, 단언하다	20	alienate	멀리하다, 따돌리다

21	**align**	일렬로 세우다, 제휴하다, 조정하다	31	**amaze**	놀라게 하다
22	**alike**	서로 같은, 비슷한, 똑같이	32	**ambiguous**	애매모호한, 분명치 않은
23	**allot**	분배하다, 할당하다	33	**ambition**	야망, 포부, 열성
24	**allowance**	허락, 허용량, 용돈	34	**amuse**	즐겁게 하다, 기쁘게 하다
25	**ally**	연합하다(시키다), 협력자, 동맹	35	**analyze**	분해하다, 분석하다
26	**altar**	제단, (교회의)성찬대	36	**ancestor**	선조, 조상
27	**alternate**	교대로 하다, 교체자(물), 교대의	37	**ancient**	고대의, 아주 오래된
28	**alternative**	양자택일, 대안, 대안의	38	**anecdote**	일화, (역사 · 전기 등의) 숨은 사실
29	**altitude**	높이, 고지	39	**anemia**	빈혈증, 생기의 결핍
30	**amass**	쌓다, 모으다, 축적하다	40	**anniversary**	(해마다의)기념일, 기념일의

Review Test 1

A-1 각각의 캐릭터대로 사다리를 타고 내려가 보시오.

① adversity	① 지지하다	① amaze	① 공격적인
② agriculture	② 알선	② ancestor	② 괴롭히다
③ algebra	③ 애매모호한	③ adroit	③ 방황하는
④ altitude	④ 교대로 하다	④ agony	④ 입양하다

A-2 사다리타기로 만난 단어가 **영어라면 우리말**로,
우리말이라면 영어로 만빙고 카드의 **캐릭터 칸**에 쓰시오.

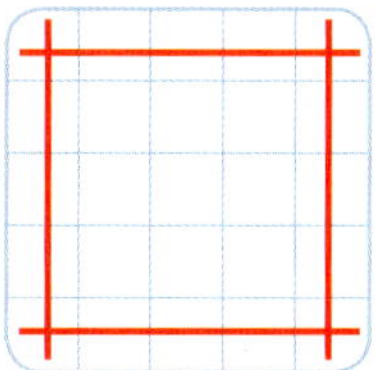

Review Test 2

B-1 우리말 뜻과 연관된 영어 뜻풀이를 |보기|에서 고르시오.

가로줄 문제 [1 ~ 5]

| 보기 |

a. a strong desire to achieve something
b. to collect into a mass or pile
c. the choice of one or more options
d. a condition in which the blood is deficient
e. like one another

1 빈혈증 ____________
2 쌓다 ____________
3 서로 같은 ____________
4 야망 ____________
5 양자택일 ____________

가로줄 문제 [6 ~ 9]

| 보기 |

a. to unite for a particular purpose
b. to offer a suggestion
c. to give information to the public
d. a member of your family who lived in past times

6 알리다 ____________
7 선조 ____________
8 연합하다(시키다) ____________
9 권하다 ____________

세로줄 문제 [1 ~ 5]

| 보기 |

a. at a later time
b. a holy table used for religious ceremonies
c. to separate into parts for close study
d. to move or send forward
e. the date each year that is the same date on which something special happened

1 분해하다 ____________
2 나중에 ____________
3 제단, (교회의)성찬대 ____________
4 (해마다의)기념일 ____________
5 앞으로 내보내다 ____________

B-2 B-1의 우리말 뜻에 맞는 **영어단어**를 **가로**, **세로줄**의 번호에 맞춰 쓰시오.

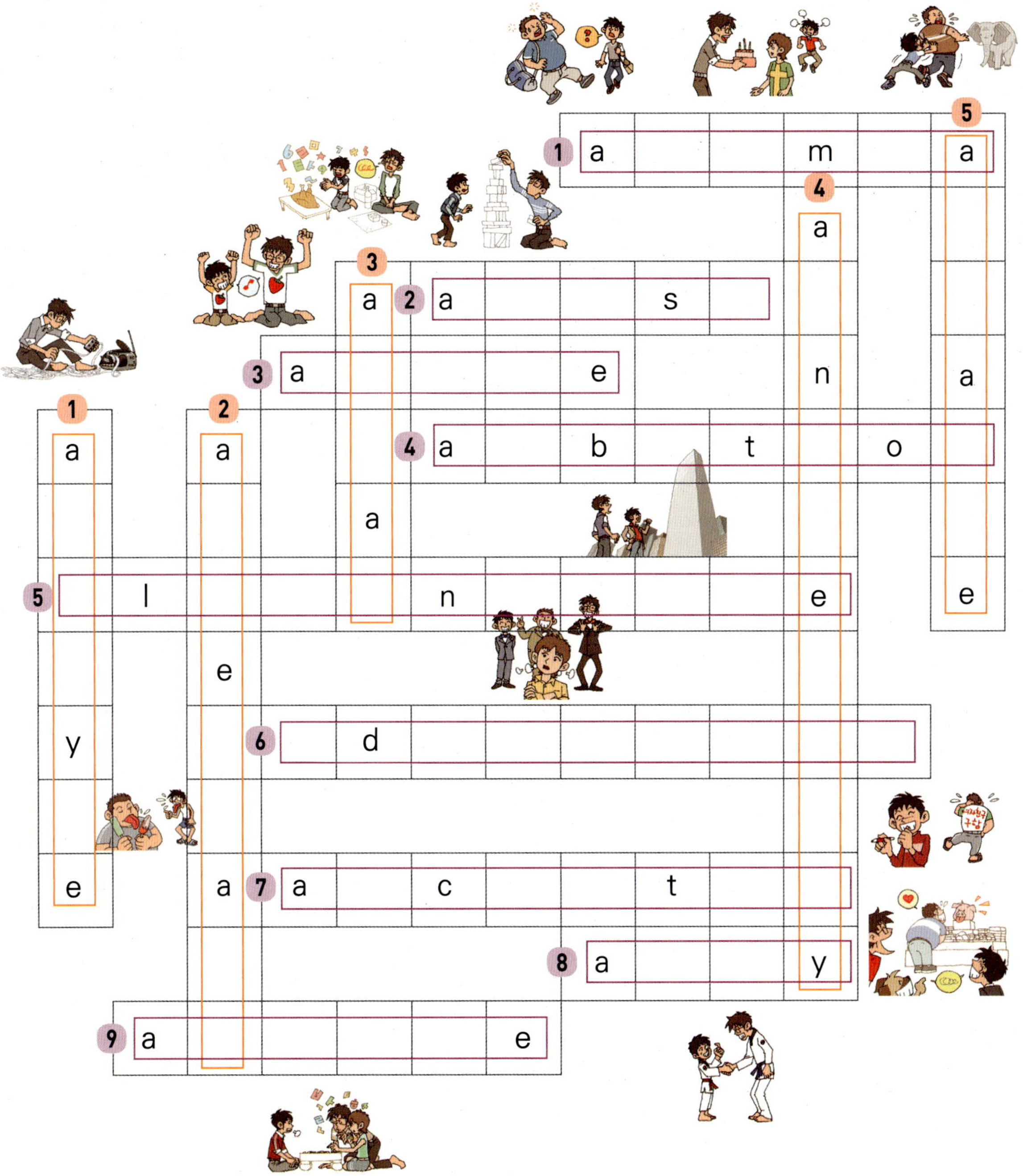

Review Test ❶

A-2

① aggressive	① advocate	② agency	③ ambiguous	④ alternate
② afflict				① 불운/곤궁/역경
③ adrift				② 농업
④ adopt				③ 대수학
① 놀라게 하다	② 선조/조상	③ 능숙한/솜씨 좋은	④ 고통/괴로움/고민	④ 높이/고지

Review Test ❷

B-1

가로줄 문제

1 d 2 b 3 e 4 a 5 c
6 c 7 d 8 a 9 b

세로줄 문제

1 c 2 a 3 b 4 e 5 d

B-2

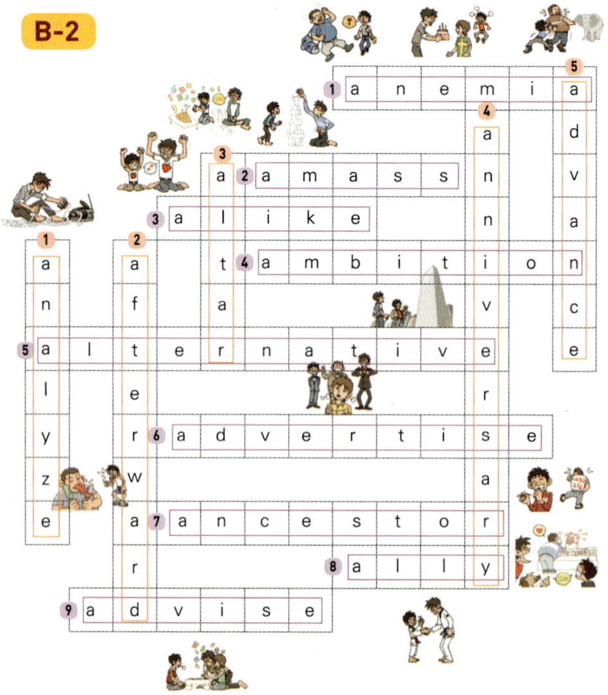

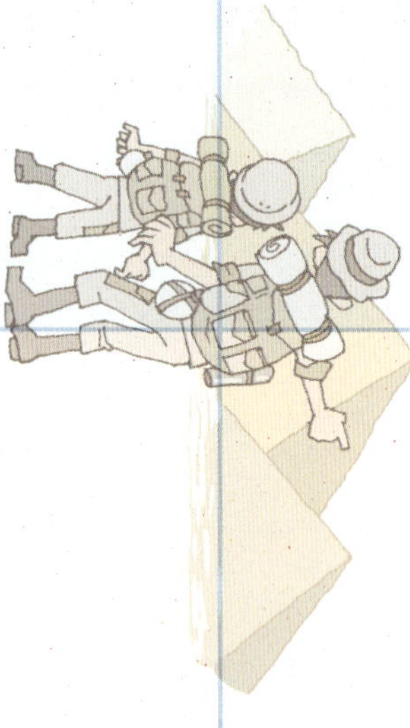

Unit 3

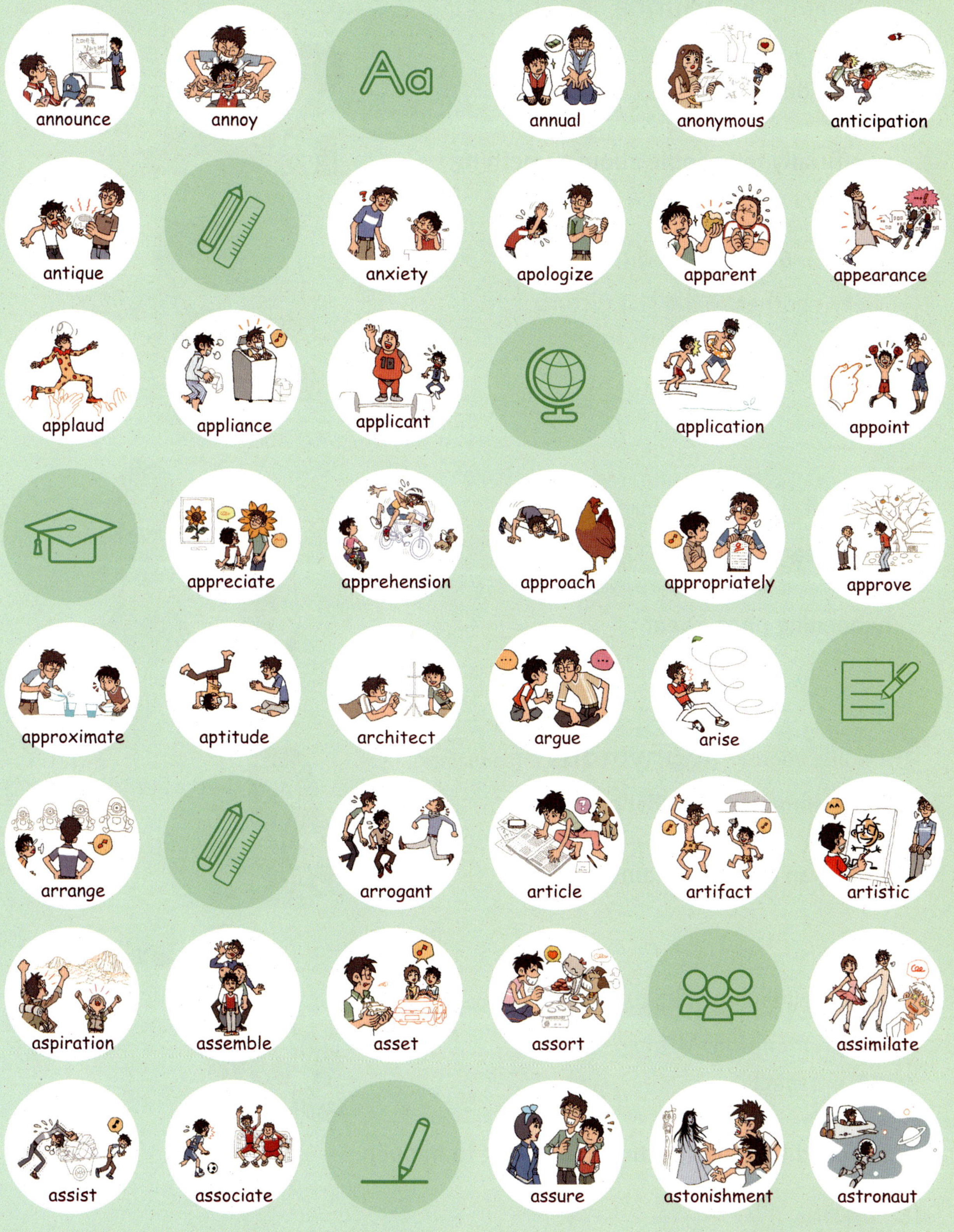
announce
annoy
annual
anonymous
anticipation
antique
anxiety
apologize
apparent
appearance
applaud
appliance
applicant
application
appoint
appreciate
apprehension
approach
appropriately
approve
approximate
aptitude
architect
argue
arise
arrange
arrogant
article
artifact
artistic
aspiration
assemble
asset
assort
assimilate
assist
associate
assure
astonishment
astronaut

Unit 3

01
an·nounce **announce** [ənáuns]
알리다 report, 발표하다 proclaim,
선언하다 declare

to officially tell people about something

02
an·noy **annoy** [ənɔ́i]
괴롭히다 bother, 귀찮게 하다 disturb

to bother someone

03
an·nu·al **annual** [ǽnjuəl]
연례의 yearly, 1년간 계속 되는

happening once a year

04
a·non·y·mous **anonymous** [ənάnəməs]
익명의 unnamed, 성명 미상의, 특색 없는

having an unknown name

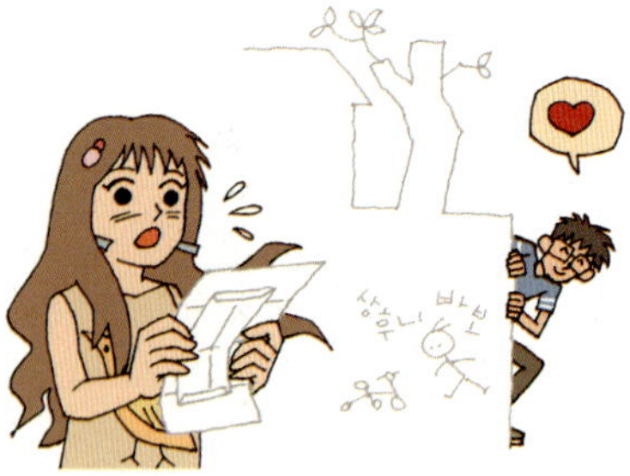

05
an·tic·i·pa·tion **anticipation** [æ̀ntisəpéiʃən]
예감 premonition, 예상 expectation,
예측 prospect

the condition of expecting something to happen

06

an·tique **antique** [æntí:k]

골동품 relic, 고대의 ancient, 고대풍의

belongings of the past

07

anx·i·e·ty **anxiety** [æŋzáiəti]

걱정 worry, 근심 concern, 불안 uneasiness

the feeling of being very worried

08

a·pol·o·gize **apologize** [əpάlədʒaiz]

사과하다, 사죄하다 confess

to say that one is sorry

09

ap·par·ent **apparent** [əpǽrənt]

뚜렷한 obvious, 분명한 clear, 외견상의 seeming

easily seen

10

ap·pear·ance **appearance** [əpíərəns]

겉모습 face, 외모 look, 출현 presence

outward show or aspect

Unit 3

11 ap·plaud **applaud** [əplɔ́:d]

박수를 치다 clap, 갈채를 보내다 cheer

to clap the hands in approval

12 ap·pli·ance **appliance** [əpláiəns]

가전제품, 기기 device

a device used for a particular purpose

13 ap·pli·cant **applicant** [ǽplikənt]

지원자 candidate, 응모자 seeker

a person who applies for something

14 ap·pli·ca·tion **application** [æplikéiʃən]

적용 exercise, 응용, 신청

the act of putting to use

15 ap·point **appoint** [əpɔ́int]

지명하다 name, 임명하다 nominate, (시간 등을)정하다

to choose someone for a position

16

ap·pre·ci·ate **appreciate** [əprí:ʃieit]

인식하다 realize, 감사하다 thank, 평가하다 value

to understand completely

17

ap·pre·hen·sion **apprehension** [æprihénʃən]

불안 anxiety, 염려 nervousness,
이해(력) perception

fear about what may happen

18

ap·proach **approach** [əpróutʃ]

(~에)접근하다 near, 접근 access, 접근법 method

to move close

19

ap·pro·pri·ate·ly **appropriately** [əpróuprieitli]

적절하게 suitably, 적합하게 properly

suitably for a particular situation

20

ap·prove **approve** [əprú:v]

허락하다 allow, 허가하다 authorize,
찬성하다 agree

to accept and allow officially

Unit 3

21 ap·prox·i·mate **approximate** [əprάksəmeit]

(양 등이)비슷하다, 어림잡다 estimate,
대략적인 rough

to be quite like

22 ap·ti·tude **aptitude** [ǽptitu:d]

재능 skill, 소질 talent, 적성

a natural ability

23 ar·chi·tect **architect** [ά:rkitekt]

건축가 builder

a person who designs buildings

24 ar·gue **argue** [ά:rgju:]

설득하다 convince, 논쟁하다 contend,
말다툼하다 quarrel

to cause to do something by using reason

25 a·rise **arise** [əráiz]

오르다, 일어나다 appear, 생겨나다 happen

to move upward

26

ar·range **arrange** [əréindʒ]

배열하다 organize, 계획하다 plan,
준비하다 prepare

to put a group of things in a particular order

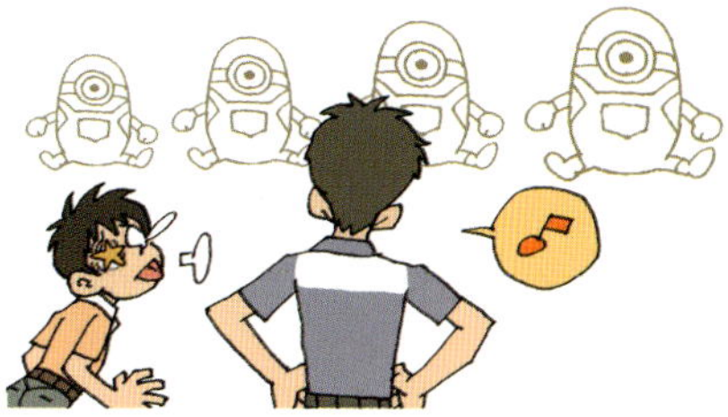

27

ar·ro·gant **arrogant** [ǽrəgənt]

거만한 proud, 오만한 haughty, 건방진

showing too much pride

28

ar·ti·cle **article** [ά:rtikl]

(신문·잡지의)글, 기사, 물건 item

a piece of writing in a newspaper or magazine

29

ar·ti·fact **artifact** [ά:rtəfækt]

문화유물 remains, 인공물 art, 가공품 product

any object made by human beings

30

ar·tis·tic **artistic** [ɑ:rtístik]

그림에 소질이 있는, 예술의

being good at drawing

Unit 3

31 as·pi·ra·tion **aspiration** [æspəréiʃən]

포부 goal, 열망 ambition, 염원

a strong desire to have something

32 as·sem·ble **assemble** [əsémbəl]

모이다 gather, 모으다 collect, 조립하다 construct

to gather together in one place

33 as·set **asset** [ǽset]

자산 resources, 가치를 지닌 것 advantage

property that can be exchanged for cash

34 as·sort **assort** [əsɔ́:rt]

분류하다 classify, 구분하다

to arrange or classify in groups

35 as·sim·i·late **assimilate** [əsíməleit]

순응하다(시키다) adapt, 동화되다(시키다) absorb

to completely understand and begin to use new ideas

36 as·sist **assist** [əsíst]

돕다 aid, 보조 support

to help someone to do something

37 as·so·ci·ate **associate** [əsóuʃieit]

연합하다 join, 관련시키다 correlate, 연상하다

to take part in with others

38 as·sure **assure** [əʃúər]

장담하다 affirm, 보증하다 guarantee

to say with conviction

39 as·ton·ish·ment **astonishment** [əstániʃmənt]

깜짝 놀람 amazement, 경악 awe,
놀라움 wonderment

great surprise or amazement

40 as·tro·naut **astronaut** [ǽstrənɔ:t]

우주 비행사 pilot

a person who works in space

단어 리스트

01	announce	알리다, 발표하다, 선언하다	11	applaud	박수를 치다, 갈채를 보내다
02	annoy	괴롭히다, 귀찮게하다	12	appliance	가전제품, 기기
03	annual	연례의, 1년간 계속 되는	13	applicant	지원자, 응모자
04	anonymous	익명의, 성명 미상의, 특색 없는	14	application	적용, 응용, 신청
05	anticipation	예감, 예상, 예측	15	appoint	지명하다, 임명하다, (시간 등을)정하다
06	antique	골동품, 고대의, 고대풍의	16	appreciate	인식하다, 감사하다, 평가하다
07	anxiety	걱정, 근심, 불안	17	apprehension	불안, 염려, 이해(력)
08	apologize	사과하다, 사죄하다	18	approach	(~에)접근하다, 접근, 접근법
09	apparent	뚜렷한, 분명한, 외견상의	19	appropriately	적절하게, 적합하게
10	appearance	겉모습, 외모, 출현	20	approve	허락하다, 허가하다, 찬성하다

21	**approximate**	(양 등이)비슷하다, 어림잡다, 대략적인	31	**aspiration**	포부, 열망, 염원
22	**aptitude**	재능, 소질, 적성	32	**assemble**	모이다, 모으다, 조립하다
23	**architect**	건축가	33	**asset**	자산, 가치를 지닌 것
24	**argue**	설득하다, 논쟁하다, 말다툼하다	34	**assort**	분류하다, 구분하다,
25	**arise**	오르다, 일어나다, 생겨나다	35	**assimilate**	순응하다(시키다), 동화되다(시키다)
26	**arrange**	배열하다, 계획하다, 준비하다	36	**assist**	돕다, 보조
27	**arrogant**	거만한, 오만한, 건방진	37	**associate**	연합하다, 관련시키다, 연상하다
28	**article**	(신문 · 잡지의)글, 기사, 물건	38	**assure**	장담하다, 보증하다
29	**artifact**	문화유물, 인공물, 가공품	39	**astonishment**	깜짝 놀람, 경악, 놀라움
30	**artistic**	그림에 소질이 있는, 예술의	40	**astronaut**	우주 비행사

Review Test 1

A 우리말 뜻에 맞는 영어문장으로 빈칸에 알맞은 것을 고르시오.

1.

Unfortunately, the old man cannot __________ of that.

유감스럽게도, 그 노인은 그것을 허락할 수 없었다.

① assure ② arise
③ asset ④ approve

2.

His __________ attitude made them sick.

거만한 그의 태도로 그들은 메스꺼웠다.

① aptitude ② arrogant
③ apparent ④ appreciate

3.

He was the only __________ for the game.

그가 그 경기의 유일한 지원자였다.

① application ② appliance
③ applicant ④ aspiration

4.

He __________ the tall boy into doing the rest of the works.

그는 키 큰 소년을 설득하여 남은 일을 하도록 시켰다.

① argued ② apologized
③ assorted ④ assimilated

Review Test 2

B 만화 상황과 연관된 영어 뜻풀이를 고르시오.

1.

① easily seen
② a natural ability
③ belongings of the past
④ the act of putting to use

2.

① to say that one is sorry
② to understand completely
③ to be quite like
④ to move upward

3.

① to arrange or classify in groups
② to say with conviction
③ to choose someone for a position
④ to take part in with others

4.

① a person who designs buildings
② a person who works in space
③ a person who applies for something
④ a piece of writing in a newspaper or magazine

Review Test 3

C-1 밑줄로 제시된 단어의 유의어를 |보기|에서 찾아 쓰시오.

문제 [1~6]

보기

name (지명하다)	bother (괴롭히다)	organize (배열하다)
cheer (갈채를 보내다)	worry (걱정)	relic (골동품)

1. The pottery is a genuine <u>antique</u>. _ _ _ _ _
2. It's true he has a lot of <u>anxiety</u>. _ _ _ _ _
3. The reason the tall boy does so is because his friend <u>annoyed</u> him first. _ _ _ _ _ _
4. His appearance on the stage caused everyone to <u>applaud</u>. _ _ _ _ _
5. He has been <u>appointed</u> to head the club. _ _ _ _
6. There are a row of toys <u>arranged</u> in order of size. _ _ _ _ _ _ _ _

문제 [7~12]

보기

unnamed (익명의)	aid (돕다)	yearly (연례의)
gather (모이다)	amazement (깜짝 놀람)	adapt (순응하다)

7. They <u>assembled</u> in the playground. _ _ _ _ _ _
8. Their mouths fell open in <u>astonishment</u>. _ _ _ _ _ _ _ _ _
9. They started the <u>annual</u> New Year's event. _ _ _ _ _ _
10. He was not able to <u>assimilate</u> easily in the dance club. _ _ _ _ _
11. She received an <u>anonymous</u> letter. _ _ _ _ _ _ _
12. The tall boy does all he can to <u>assist</u> his friends. _ _ _

C-2 C-1의 영어문장을 표현한 만화를 찾아 **해당 번호**를 쓰시오.

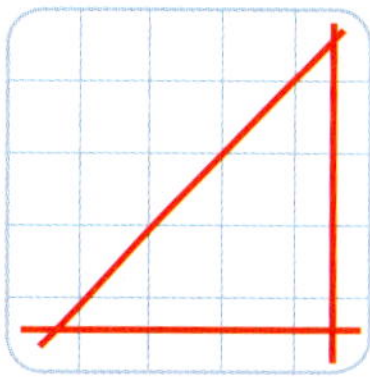

정답 Review Test

Review Test ❶

A 1. ④ 2. ② 3. ③ 4. ①

Review Test ❷

B 1. ① 2. ④ 3. ③ 4. ②

Review Test ❸

C-1

1 relic 2 worry 3 bother 4 cheer 5 name
6 organize 7 gather 8 amazement 9 yearly 10 adapt
11 unnamed 12 aid

[문제 해석]

1 그 도자기는 진짜 골동품이다.
2 그가 걱정이 많다는 건 사실이다.
3 키 큰 소년이 그렇게 하는 이유는 그의 친구가 그를 먼저 괴롭혔기 때문이다.
4 무대 위로 그가 등장하자 모든 사람들이 갈채를 보냈다.
5 그는 그 클럽을 이끌도록 임명되었다.
6 장난감들이 크기 순서대로 줄지어 있다.
7 그들이 운동장에 모였다.
8 깜짝 놀라 그들의 입이 딱 벌어졌다.
9 그들은 연례 새해 이벤트를 시작했다.
10 그는 그 댄스 클럽에 쉽게 순응할 수 없었다.
11 그녀는 익명의 편지를 받았다.
12 키 큰 소년은 친구들을 돕기 위해 그가 할 수 있는 모든 것들을 한다.

C-2

MANBINGO

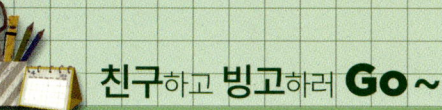

Unit 4

athlete
atmosphere
atom
attach
attack
attempt
attention
attract
attribute
authentic
authorize
autobiography
autograph
automate
available
aware
awesome
awkward
barbaric
barometer
behave
benefit
beverage
bias
bilingual
biography
blossom
boast
boundary
brighten
brilliant
broadcast
broomstick
browse
budget
burst
calculate
candidate
capable
capacity

Unit 4

01

ath·lete **athlete** [æθli:t]

운동선수 player, 경기자

a person who takes part in sports competitions

02

at·mos·pher **atmosphere** [ætməsfiər]

분위기, 공기 air

a feeling or mood created by a particular place

03

at·om **atom** [ǽtəm]

원자, 극소량 particle

the smallest part of an element

04

at·tach **attach** [ətǽtʃ]

붙이다 stick, 첨부하다, 의미를 두다

to make something stick to another

05

at·tack **attack** [ətǽk]

공격하다 invade, 공격 strike

to use violence to harm a person or animal

06

at·tempt **attempt** [ətémpt]

시도하다 try, 시도 trial, 노력 effort

to try to do something

07

at·ten·tion **attention** [əténʃən]

주목 concentration, 주의 notice

the concentration of one's mind on something

08

at·tract **attract** [ətrǽkt]

마음을 끌다 interest, 끌어들이다 entice

to make someone interested in something

09

at·trib·ute **attribute** [ətríbju:t]

(~의)탓으로 하다 ascribe, (~의)덕분으로 보다, 특성 feature

to think that something is the result of a situation

10

au·then·tic **authentic** [ɔ:θéntik]

진짜의 genuine, 믿을 만한 credible

real, not false

Unit 4

11

au·thor·ize **authorize** [ɔ́:θəraiz]

권한을 주다 empower, 위임하다 commission

to give official permission for something

12

au·to·bi·og·ra·phy **autobiography** [ɔ:təbaiɑ́grəfi]

자서전 life story

the story of a person's life written by that person

13

au·to·graph **autograph** [ɔ́:təgræf]

서명하다 sign, 서명

to write one's name on

14

au·to·mate **automate** [ɔ́:təmeit]

자동 장치를 갖추다, 자동화하다 automatize

to have a system that uses automatic devices

15

a·vail·a·ble **available** [əvéiləbəl]

이용(사용)할 수 있는 usable, 시간이 있는

able to be used

16 a·ware **aware** [əwέər]

눈치 채고 있는, 인식하는 conscious

knowing about a situation

17 awe·some **awesome** [ɔ́:səm]

굉장한, 멋진 wonderful, 두려운 dreadful

very good

18 awk·ward **awkward** [ɔ́:kwərd]

서투른 clumsy, 어색한

without physical skill

19 bar·bar·ic **barbaric** [bɑ:rbǽrik]

미개한 uncivilized, 세련되지 않은, 잔인한 cruel

not civilized

20 ba·rom·e·ter **barometer** [bərάmitər]

기압계 weatherglass, 고도계, 지수, 지표

an instrument for measuring pressure of the air

Unit 4

21

be·have **behave** [bihéiv]

예의바르게 행동하다, 행동하다 act

to act in a proper manner

22

ben·e·fit **benefit** [bénəfit]

도움이 되다 help, 혜택 profit, 이익 advantage

to get help from something

23

bev·er·age **beverage** [bévəridʒ]

음료수 drink

a drinkable liquid

24

bi·as **bias** [báiəs]

편견 prejudice, 선입관

a liking that does not let one be fair

25

bi·lin·gual **bilingual** [bailíŋgwəl]

이중 언어 사용자, 이중 언어를 하는

a person who speaks two languages well

26 bi·og·ra·phy **biography** [baiɑ́grəfi]

전기 life story, 일대기

a written history of a person's life

27 blos·som **blossom** [blɑ́səm]

꽃이 피다 bloom, 꽃 flower, 만발

to turn into a flower

28 boast **boast** [boust]

자랑하다 brag, 자랑 boast, 허풍 bluster

to talk with too much pride

29 bound·a·ry **boundary** [báundəri]

경계(선) borderline, 경계표

something that marks the edge

30 bright·en **brighten** [bráitn]

밝게 하다 lighten, 빛내다 light up

to give something more color or light

Unit 4

31 bril·liant **brilliant** [bríljənt]

뛰어난 clever, 찬란하게 빛나는 bright

having a very smart mind

32 broad·cast **broadcast** [brɔ́:dkæst]

방송하다 newscast, 방송 announcement

to send out radio or television programme

33 broom·stick **broomstick** [brú(:)mstik]

대가 긴 빗자루

the long handle of a broom

34 browse **browse** [brauz]

인터넷을 검색하다, 훑어보다 scan, skim

to look at a website on the Internet

35 budg·et **budget** [bʌ́dʒit]

예산을 짜다 calculate, 예산 cost

to plan how it will be spent for a purpose

36
burst **burst** [bəːrst]

(분노·울음 등을)터뜨리다, 폭발하다 explode,
분출 eruption

to suddenly express feelings

37
cal·cu·late **calculate** [kǽlkjəleit]

계산하다 count, 추정하다 guess

to find out a number or amount using math

38
can·di·date **candidate** [kǽndideit]

지원자 applicant, 후보자

a person who seeks to be appointed to a certain position

39
ca·pa·ble **capable** [kéipəbəl]

능력 있는 able, 유능한 skillful

having the skill to do what is needed

40
ca·pac·i·ty **capacity** [kəpǽsəti]

수용량 quantity, 수용력 capability, 능력 ability

the amount that can be held in a space

단어 리스트

01	athlete	운동선수, 경기자	11	authorize	권한을 주다, 위임하다
02	atmosphere	분위기, 공기	12	autobiography	자서전
03	atom	원자, 극소량	13	autograph	서명하다, 서명
04	attach	붙이다, 첨부하다, 의미를 두다	14	automate	자동 장치를 갖추다, 자동화하다
05	attack	공격하다, 공격	15	available	이용(사용)할 수 있는, 시간이 있는
06	attempt	시도하다, 시도, 노력	16	aware	눈치 채고 있는, 인식하는
07	attention	주목, 주의	17	awesome	굉장한, 멋진, 두려운
08	attract	마음을 끌다, 끌어들이다	18	awkward	서투른, 어색한
09	attribute	(~의)탓으로 하다, (~의)덕분으로 보다, 특성	19	barbaric	미개한, 세련되지 않은, 잔인한
10	authentic	진짜의, 믿을 만한	20	barometer	기압계, 고도계, 지수, 지표

21	**behave**	예의바르게 행동하다, 행동하다	31	**brilliant**	뛰어난, 찬란하게 빛나는
22	**benefit**	도움이 되다, 혜택, 이익	32	**broadcast**	방송하다, 방송
23	**beverage**	음료수	33	**broomstick**	대가 긴 빗자루
24	**bias**	편견, 선입관	34	**browse**	인터넷을 검색하다, 훑어보다
25	**bilingual**	이중 언어 사용자, 이중 언어를 하는	35	**budget**	예산을 짜다, 예산
26	**biography**	전기, 일대기	36	**burst**	(분노 · 울음 등을)터뜨리다, 폭발하다, 분출
27	**blossom**	꽃이 피다, 꽃, 만발	37	**calculate**	계산하다, 추정하다
28	**boast**	자랑하다, 자랑, 허풍	38	**candidate**	지원자, 후보자
29	**boundary**	경계(선), 경계표	39	**capable**	능력 있는, 유능한
30	**brighten**	밝게 하다, 빛내다	40	**capacity**	수용량, 수용력, 능력

Review Test 1

A-1 각각의 캐릭터대로 사다리를 타고 내려가 보시오.

① 능력 있는
② 수용량
③ 뛰어난
④ 자랑하다

① 분위기
② 원자
③ 서투른
④ 지원자

① 계산하다
② 굉장한
③ 진짜의
④ 눈치 채고 있는

① 운동선수
② 도움이 되다
③ 권한을 주다
④ 공격하다

A-2 사다리타기로 만난 우리말 뜻의 **영어단어**를 찾아 묶으시오.

b	a	a				n	a	b				b	d	c
t	c	t				b	w	e				a	a	e
i	a	t				c	a	a				t	t	b
z	t	a				a	r	u				o	m	c
e	h	c				l	e	t				m	o	a
a	l	k				c	a	h				a	s	n
u	e	a				u	w	e				w	p	d
t	t	u				l	e	n				k	h	i
h	e	b				a	s	t				w	e	d
o	a	e				t	o	i				a	r	a
r	u	n				e	m	c				r	e	t
i	g	e				r	e	e				d	p	e
z	h	f	c	a	p	a	b	l	e	b	o	a	s	t
e	e	i	a	b	r	i	l	l	i	a	n	t	a	e
o	n	t	b	a	p	c	a	p	a	c	i	t	y	u

A-3 캐릭터가 만난 단어에 숨은 그림을 보고, 연관되는 것끼리 줄로 이으시오.

1  · · broomstick · · 꽃

2  · · beverage · · 대가 긴 빗자루

3  · · blossom · · 기압계

4  · · barometer · · 음료수

Review Test 2

B-1 영어 뜻풀이와 연관된 단어를 |보기|에서 골라 빈칸에 쓰시오.

문제 [1 ~ 7]

보기		
barbaric (미개한)	attract (마음을 끌다)	autograph (서명하다)
attach (붙이다)	beverage (음료수)	behave (예의바르게 행동하다)
automate (자동 장치를 갖추다)		

1. to make something stick to another _ _ _ _ _ _
2. to make someone interested in something _ _ _ _ _ _ _
3. to write one's name on _ _ _ _ _ _ _ _ _
4. to have a system that uses automatic devices _ _ _ _ _ _ _ _
5. not civilized _ _ _ _ _ _ _ _
6. to act in a proper manner _ _ _ _ _ _
7. a drinkable liquid _ _ _ _ _ _ _ _

문제 [8 ~ 13]

보기		
brighten (밝게 하다)	blossom (꽃이 피다)	burst (분노·울음 등을 터뜨리다)
bias (편견)	budget (예산을 짜다)	bilingual (이중 언어 사용자)

8. a liking that does not let one be fair _ _ _ _
9. a person who speaks two languages well _ _ _ _ _ _ _ _ _
10. to turn into a flower _ _ _ _ _ _ _
11. to give something more color or light _ _ _ _ _ _ _ _
12. to plan how it will be spent for a purpose _ _ _ _ _ _
13. to suddenly express feelings _ _ _ _ _

B-2 B-1의 각 단어 뜻을 표현한 만화를 찾아 **해당 번호**를 쓰시오.

정답 Review Test

Review Test ❶

A-2

b	a	a				n	a	b				b	d	c
t	c	t				b	w	e				a	a	e
i	a	t				c	a	a				t	t	b
z	t	a				a	r	u				o	m	c
e	h	c				l	e	t				m	o	a
a	l	k				c	a	h				a	s	n
u	e	a				u	w	e				w	p	d
t	t	u				l	e	n				k	h	i
h	e	b				a	s	t				w	e	d
o	a	e				t	o	i				a	r	a
r	u	n				e	m	c				r	e	t
i	g	e				r	e	e				d	p	e
z	h	f	c	a	p	a	b	l	e	b	o	a	s	t
e	e	i	a	b	r	i	l	l	i	a	n	t	a	e
o	n	t	b	a	p	c	a	p	a	c	i	t	y	u

A-3

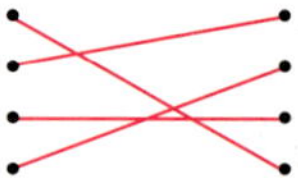

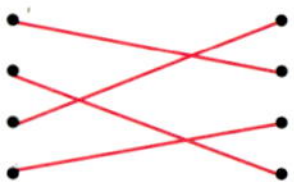

Review Test ❷

B-1

1 attach
2 attract
3 autograph
4 automate
5 barbaric
6 behave
7 beverage
8 bias
9 bilingual
10 blossom
11 brighten
12 budget
13 burst

B-2

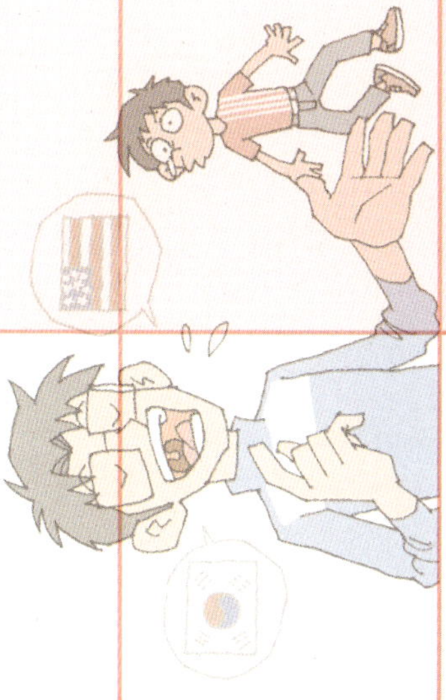

Unit 5

capital
careful
catalog
categorize
cavity
celebrate
centralize
certify
chaos
characterize
charity
chaser
chemical
cherish
chronological
circulate
civilize
coherent
coincidence
collapse
colleague
comfort
commemorate
comment
commercial
commute
compensate
compete
competence
compile
complement
compliment
component
comprehend
conceal
conceive
concentrate
conference
confidence
confine

Unit 5

01

cap·i·tal **capital** [kǽpitl]

수도 metropolis, 자산 money, 머리글자 initial, 주요한 chief

the city where the government of a country is located

02

care·ful **careful** [kɛ́ərfəl]

조심하는 cautious, 주의 깊은 attentive

taking care in one's actions

03

cat·a·log **catalog** [kǽtəlɔ:g]

목록을 만들다 inventory, 목록 directory

to make a list of all things in a group

04

cat·e·go·rize **categorize** [kǽtigəraiz]

분류하다 class, 범주로 나누다 classify

to divide things into sets

05

cav·i·ty **cavity** [kǽvəti]

충치, 구멍 hole

decayed area in a tooth

06 cel·e·brate **celebrate** [séləbreit]

경축하다, 기념하다 commemorate

to make special with activities

07 cen·tral·ize **centralize** [séntrəlaiz]

중심에 모이다(모으다) concenter, 중앙집권화하다

to come together at a center

08 cer·ti·fy **certify** [sə́:rtəfai]

증언하다 confirm, 증명하다 verify

to officially state that something is correct

09 cha·os **chaos** [kéiɑs]

혼란 disorder, 혼돈 confusion

a situation of disorder

10 char·ac·ter·ize **characterize** [kǽriktəraiz]

특징을 나타내다 typify, 표시하다 mark

to describe the qualities of someone or something

Unit 5

11 char·i·ty **charity** [tʃǽrəti]

자선 donation, 자비, 자선단체

something given to people who need help

12 chas·er **chaser** [tʃéisər]

쫓는 사람, 추적자

a person that chases

13 chem·i·cal **chemical** [kémikəl]

화학 물질, 화학적인

a substance used in a chemical process

14 cher·ish **cherish** [tʃériʃ]

아끼다 value, 소중히 여기다 treasure, 간직하다

to value with great love and care

15 chron·o·lo·gi·cal **chronological** [krɔnəlɔ́dʒikəl]

시간 순서대로 된, 연대순의 successive

arranged in the order of time

16 cir·cu·late **circulate** [sə́:rkjəleit]

빙글빙글 돌다 rotate, 순환하다(시키다)

to move in a circle

17 civ·i·lize **civilize** [sívəlaiz]

교화(개화)하다 enlighten, 문명화하다

to educate a person or society and improve their way of life

18 co·her·ent **coherent** [kouhíərənt]

일관성 있는 consistent, 논리 정연한 logical

logically ordered or connected

19 co·in·ci·dence **coincidence** [kouínsədəns]

동시발생 simultaneity, 우연의 일치 accord

the chance happening of two events at the same time

20 col·lapse **collapse** [kəlǽps]

무너지다 crash, 부서지다 break, 실패 failure

to suddenly fall down

Unit 5

21 col·league **colleague** [kɑ́li:g]

(같은 직장 또는 직종의)동료 co-worker

a person who has the same job as another

22 com·fort **comfort** [kʌ́mfərt]

위로하다 cheer, 위로 consolation,
편안함 relaxation

to make someone feel calmer

23 com·mem·o·rate **commemorate** [kəmémәreit]

축하하다 celebrate, 기념하다 memorialize

to make special with gifts, parties, or activities

24 com·ment **comment** [kɑ́ment]

의견을 말하다, 논평하다, 논평 criticism

to give an opinion about something

25 com·mer·cial **commercial** [kəmə́:rʃəl]

(텔레비전·라디오의)광고 ad, 상업의 merchant

an advertisement on TV or radio

26 com·mute **commute** [kəmjú:t]

통근(통학)하다, 감형하다 shorten, 통근(통학)

to ride a long distance to and from work or school

27 com·pen·sate **compensate** [kámpənseit]

변상하다 reimburse, 보상금을 주다

to pay for damage

28 com·pete **compete** [kəmpí:t]

겨루다 fight, 경쟁하다 contend, (시합 등에)참가하다

to try to win or be more successful than someone else

29 com·pe·tence **competence** [kámpətəns]

자신감 confidence, 능력 ability, 능숙함 proficiency

a sense of trust in oneself

30 com·pile **compile** [kəmpáil]

(자료를)수집하다 assemble, 편집하다, 편찬하다

to gather information together to form one written work

Unit 5

31 com·ple·ment **complement** [kάmpləmənt]

완전하게하다 complete, 보완물 supplement

to make a good combination with something else

32 com·pli·ment **compliment** [kάmpləmənt]

칭찬하다 praise, 칭찬, 찬사

to say something to someone that expresses praise

33 com·po·nent **component** [kəmpóunənt]

구성요소 constituent, 성분 element

a part of something

34 com·pre·hend **comprehend** [kamprihénd]

이해하다 understand, 깨닫다 apprehend

to understand something

35 con·ceal **conceal** [kənsíːl]

숨기다 hide, 감추다 cover

to hide something or to keep secret

36

con·ceive **conceive** [kənsíːv]

(생각, 감정 등을)마음에 품다 fancy,
이해하다 understand

to think of a new idea and develop it in your mind

37

con·cen·trate **concentrate** [kάnsəntreit]

집중하다 focus, 한 점에 모으다 center

to bring all effort or attention

38

con·fer·ence **conference** [kάnfərəns]

회담, 회의, 협의 meeting

a meeting to discuss a particular matter

39

con·fi·dence **confidence** [kάnfidəns]

신용 trust, 신뢰 reliance, 자신감

a sense of trust or faith in a person

40

con·fine **confine** [kənfáin]

(폐쇄된 곳에)넣다, 제한하다 restrict, 국한하다 limit

to prevent from leaving a place

단어 리스트

01	capital	수도, 자산, 머리글자, 주요한	11	charity	자선, 자비, 자선단체
02	careful	조심하는, 주의 깊은	12	chaser	쫓는 사람, 추적자
03	catalog	목록을 만들다, 목록	13	chemical	화학 물질, 화학적인
04	categorize	분류하다, 범주로 나누다	14	cherish	아끼다, 소중히 여기다, 간직하다
05	cavity	충치, 구멍	15	chronological	시간 순서대로 된, 연대순의
06	celebrate	경축하다, 기념하다	16	circulate	빙글빙글 돌다, 순환하다(시키다)
07	centralize	중심에 모이다(모으다), 중앙집권화하다	17	civilize	교화(개화)하다, 문명화하다
08	certify	증언하다, 증명하다	18	coherent	일관성 있는, 논리 정연한
09	chaos	혼란, 혼돈	19	coincidence	동시발생, 우연의 일치
10	characterize	특징을 나타내다, 표시하다	20	collapse	무너지다, 부서지다, 실패

21	colleague	(같은 직장 또는 직종의) 동료	31	complement	완전하게하다, 보완물
22	comfort	위로하다, 위로, 편안함	32	compliment	칭찬하다, 칭찬, 찬사
23	commemorate	축하하다, 기념하다	33	component	구성요소, 성분
24	comment	의견을 말하다, 논평하다, 논평	34	comprehend	이해하다, 깨닫다
25	commercial	(텔레비전 · 라디오의)광고, 상업의	35	conceal	숨기다, 감추다
26	commute	통근(통학)하다, 감형하다, 통근(통학)	36	conceive	(생각, 감정 등을)마음에 품다, 이해하다
27	compensate	변상하다, 보상금을 주다	37	concentrate	집중하다, 한 점에 모으다
28	compete	겨루다, 경쟁하다, (시합 등에)참가하다	38	conference	회담, 회의, 협의
29	competence	자신감, 능력, 능숙함	39	confidence	신용, 신뢰, 자신감
30	compile	(자료를)수집하다, 편집하다, 편찬하다	40	confine	(폐쇄된 곳에)넣다, 제한하다, 국한하다

Review Test 1

A 우리말 뜻에 맞는 영어문장으로 빈칸에 알맞은 것을 고르시오.

1.

It looks like he has a __________.

그는 충치 한 개가 있는 것 같다.

① charity ② cavity

③ chaser ④ collapse

2.

He __________ her by telling her that it was not her fault.

그것은 그녀의 잘못이 아니라며 그는 그녀를 위로했다.

① comforted ② comment

③ commute ④ complement

3.

They like to __________ against each other in everything.

그들은 모든 면에서 서로 경쟁하는 것을 좋아한다.

① comforted ② comment

③ compete ④ complement

4.

He hoped to __________ them into a book.

그는 그것들을 책으로 편집하기를 원했다.

① confine ② compliment

③ conceal ④ compile

B 만화 상황과 연관된 영어 뜻풀이를 고르시오.

1.

① to pay for damage
② to prevent from leaving a place
③ to divide things into sets
④ to make a good combination with something else

2.

① a person who has the same job as another
② a sense of trust or faith in a person
③ a meeting to discuss a particular matter
④ an advertisement on TV or radio

3.

① to bring all effort or attention
② to move in a circle
③ to hide something or to keep secret
④ to value with great love and care

4.

① to describe the qualities of someone or something
② to make special with gifts, parties, or activities
③ to think of a new idea and develop it in your mind
④ to ride a long distance to and from work or school

Review Test 3

C-1 우리말 뜻에 맞는 영어단어를 |보기|에서 고르시오.

가로줄 문제 [1 ~ 6]

| 보기 |

a. comment　　b. chaser　　c. conceal
d. certify　　e. competence　　f. capital

1 자신감, 능력, 능숙함 ____________

2 증언하다, 증명하다 ____________

3 의견을 말하다, 논평하다, 논평 ____________

4 쫓는 사람, 추적자 ____________

5 숨기다, 감추다 ____________

6 수도, 자산, 머리글자, 주요한 ____________

세로줄 문제 [1 ~ 6]

| 보기 |

a. catalog　　b. chaos　　c. confine
d. coherent　　e. careful　　f. chemical

1 일관성 있는, 논리 정연한 ____________

2 혼란, 혼돈 ____________

3 (폐쇄된 곳에)넣다, 제한하다, 국한하다 ____________

4 조심하는, 주의 깊은 ____________

5 목록을 만들다,목록 ____________

6 화학 물질, 화학적인 ____________

C-2 C-1의 우리말 뜻에 맞는 영어단어를 찾아 묶으시오.

4

2

4

a	c	d	c	c	x	b	h	y	c	s
c	d	c	h	a	s	e	r	e	o	t
n	c	c	e	r	t	i	f	y	h	u
c	o	m	p	e	t	e	n	c	e	c
a	n	c	e	f	b	y	c	a	r	h
t	f	h	a	u	c	h	a	s	e	e
a	i	a	i	l	y	u	k	l	n	m
l	n	o	c	o	m	m	e	n	t	i
o	e	s	o	c	t	u	o	p	s	c
g	d	c	o	n	c	e	a	l	u	a
f	j	k	p	c	a	p	i	t	a	l

5

1

3

1

2

6

3

5

6

정답 Review Test

Review Test ❶

A 1. ② 2. ① 3. ③ 4. ④

Review Test ❷

B 1. ① 2. ③ 3. ② 4. ④

Review Test ❸

C-1

가로줄 문제

1 e 2 d 3 a 4 b 5 c 6 f

세로줄 문제

1 d 2 b 3 c 4 e 5 a 6 f

C-2

a	c	d	c	c	x	b	h	y	c	s
c	d	c	h	a	s	e	r	e	o	t
n	c	c	e	r	t	i	f	y	h	u
c	o	m	p	e	t	e	n	c	e	c
a	n	c	e	f	b	y	c	a	r	h
t	f	h	a	u	c	h	a	s	e	e
a	i	a	i	l	y	u	k	l	n	m
l	n	o	c	o	m	m	e	n	t	i
o	e	s	o	c	t	u	o	p	s	c
g	d	c	o	n	c	e	a	l	u	a
f	j	k	p	c	a	p	i	t	a	l

MANBINGO

Unit 6

confirm
conflict
Aa
conform
confuse
conscience
consciousness
consequence
conserve
consider
consistency
constitute
construct
consume
contaminate
contemptuous
contend
contribute
convenience
convention
convert
convince
cooperate
correspond
criticize
crucial
cruel
crutch
currency
current
curriculum
customary
decay
deceive
declare
decline
decode
dedicate
defeat
defect
defiant

Unit 6

01

con·firm **confirm** [kənfə́:rm]

사실임을 보여주다 prove, 확증하다 verify

to show that something is true

02

con·flict **conflict** [kánflikt]

다투다 fight, 다툼 dispute, 불일치 discord

to fight or contend

03

con·form **conform** [kənfɔ́:rm]

(모양, 성질)을 일치시키다 accord,
(규범, 규칙에)따르다 comply

to make similar in form or nature

04

con·fuse **confuse** [kənfjú:z]

어리둥절하게 하다 embarrass,
혼란시키다 complicate

to make unclear

05

con·science **conscience** [kánʃəns]

양심 moral sense, (양심의)가책, 의식

the sense of what is right or wrong

06 con·scious·ness **consciousness** [kάnʃəsnis]

알아챔, 자각 awakening, 의식 awareness

the state of being aware

07 con·se·quence **consequence** [kάnsikwens]

결말 end, 결과 result, 중요성 importance

something that happens as a result of an action

08 con·serve **conserve** [kənsə́:rv]

보호하다 protect, 보존하다 preserve, 절약하다 save

to protect from being hurt or harmed

09 con·sid·er **consider** [kənsídər]

주의하여 보다 stare, 깊이 생각하다 think, 고려하다

to look at attentively

10 con·sist·en·cy **consistency** [kənsístənsi]

일관성 coherence

the quality of always doing things in the same way

11 con·sti·tute **constitute** [kάnstətju:t]

(단체 따위를)조직하다 form, 구성하다 organize

to officially form something

12 con·struct **construct** [kənstrʌ́kt]

조립하다 compose, 세우다 build, 건설하다

to build or form by putting together parts

13 con·sume **consume** [kənsú:m]

다 먹어버리다, 소비하다 spend

to eat up all

14 con·tam·i·nate **contaminate** [kəntǽməneit]

더럽히다 stain, 오염되게 하다 pollute

to make a place dirty

15 con·temp·tu·ous **contemptuous** [kəntémptʃuəs]

남을 얕보는, 업신여기는

expressing contempt

16 con·tend **contend** [kənténd]

논쟁하다 argue, 주장하다 assert

to argue that something is true

17 con·trib·ute **contribute** [kəntríbju:t]

기부하다 donate, 기여하다, 공헌하다

to give for a purpose

18 con·ven·ience **convenience** [kənví:njəns]

편리 ease, 편의 advantage, 편의시설

the quality of being useful for someone's need

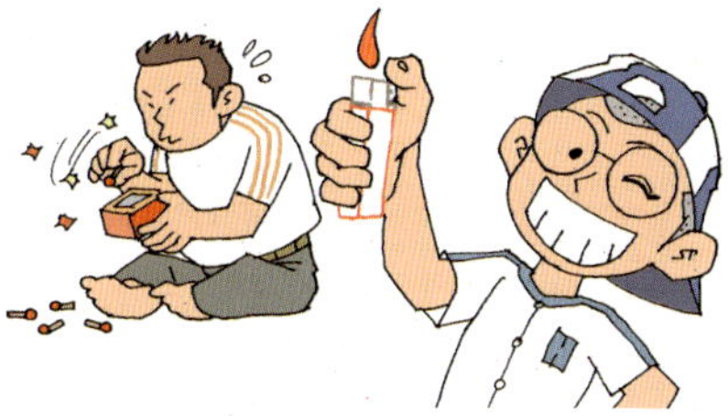

19 con·ven·tion **convention** [kənvénʃən]

집회 assembly, 협약 agreement, 관습 custom

a formal meeting for people who have the same interests

20 con·vert **convert** [kənvə́:rt]

개조하다 alter, 전환하다 transform

to change something into a different form

Unit 6

21 con·vince **convince** [kənvíns]

확신시키다 assure, 설득하다 persuade

to make someone feel certain that something is true

22 co·op·er·ate **cooperate** [kouάpəreit]

collaborate, 협동하다 team up

to work with others

23 cor·re·spond **correspond** [kɔ:rəspάnd]

(구조·기능 등이)같다 match, 일치하다 coincide, 교신하다

to have the same structure or function

24 crit·i·cize **criticize** [krítisaiz]

비난하다 blame, 비판하다 denounce, 평론하다 review

to talk about someone's faults

25 cru·cial **crucial** [krú:ʃəl]

결정적인 decisive, 중요한 important, 굉장한 amazing

able to make firm decisions

26

cru·el **cruel** [krúːəl]

가혹한 harsh, 잔인한 inhuman

causing pain or suffering

27

crutch **crutch** [krʌtʃ]

목다리를 짚고 걷다, 목발, 버팀목

to walk with long sticks that you put under your arms

28

cur·ren·cy **currency** [kə́ːrənsi]

(현금)통화 money, (화폐의)유통, 통용

the money that is used in a country

29

cur·rent **current** [kə́ːrənt]

널리 알려진 widespread, 현재의 present, 흐름 flow

known by many

30

cur·ric·u·lum **curriculum** [kəríkjələm]

교과 과정 course

the courses offered at a school

Unit 6

31 cus·tom·ary **customary** [kʌ́stəmeri]

관례적인 traditional, 습관적인 habitual

done as a custom

32 de·cay **decay** [dikéi]

썩다 rot, 부패시키다 pollute, 부패, 쇠퇴, 충치

to rot or become rotted

33 de·ceive **deceive** [disíːv]

현혹시키다 trick, 속이다 cheat, 사기 치다

to mislead others

34 de·clare **declare** [diklέər]

선언하다 pronounce, (소득을)신고하다

to announce in a formal way

35 de·cline **decline** [dikláin]

(아래로)기울다 slope, 감소하다 decrease, 거절하다 reject, 감소 fall

to slope or slant downward

36 de·code **decode** [di:kóud]

암호를 풀다 decipher, 번역하다 translate

to find hidden meaning in something

37 ded·i·cate **dedicate** [dédikeit]

(시간, 노력을)바치다 devote, 전념하다 commit

to give all your effort to one thing

38 de·feat **defeat** [difí:t]

패배시키다 beat, 패배

to win a victory over someone in a game or battle

39 de·fect **defect** [difékt]

떠나다 desert, 결점 flaw, 결함 fault

to leave your own group

40 de·fi·ant **defiant** [difáiənt]

반항적인 rebellious, 도전적인

ready to argue or start fights

단어 리스트

01	**confirm**	사실임을 보여주다, 확증하다	11	**constitute**	(단체 따위를)조직하다, 구성하다
02	**conflict**	다투다, 다툼, 불일치	12	**construct**	조립하다, 세우다, 건설하다
03	**conform**	(모양, 성질)을 일치시키다, (규범, 규칙에)따르다	13	**consume**	다 먹어버리다, 소비하다
04	**confuse**	어리둥절하게 하다, 혼란시키다	14	**contaminate**	더럽히다, 오염되게 하다
05	**conscience**	양심, (양심의)가책, 의식	15	**contemptuous**	남을 얕보는, 업신여기는
06	**consciousness**	알아챔, 자각, 의식	16	**contend**	논쟁하다, 주장하다
07	**consequence**	결말, 결과, 중요성	17	**contribute**	기부하다, 기여하다, 공헌하다
08	**conserve**	보호하다, 보존하다, 절약하다	18	**convenience**	편리, 편의, 편의시설
09	**consider**	주의하여 보다, 깊이 생각하다, 고려하다	19	**convention**	집회, 협약, 관습
10	**consistency**	일관성	20	**convert**	개조하다, 전환하다

21	convince	확신시키다, 설득하다	31	customary	관례적인, 습관적인
22	cooperate	협력하다, 협동하다	32	decay	썩다, 부패시키다, 부패, 쇠퇴, 충치
23	correspond	(구조 · 기능 등이)같다, 일치하다, 교신하다	33	deceive	현혹시키다, 속이다, 사기 치다
24	criticize	비난하다, 비판하다, 평론하다	34	declare	선언하다, (소득을)신고하다
25	crucial	결정적인, 중요한, 굉장한	35	decline	(아래로)기울다, 감소하다, 거절하다, 감소
26	cruel	가혹한, 잔인한	36	decode	암호를 풀다, 번역하다
27	crutch	목다리를 짚고 걷다, 목발, 버팀목	37	dedicate	(시간, 노력을)바치다, 전념하다
28	currency	(현금)통화, (화폐의)유통, 통용	38	defeat	패배시키다, 패배
29	current	널리 알려진, 현재의, 흐름	39	defect	떠나다, 결점, 결함
30	curriculum	교과 과정	40	defiant	반항적인, 도전적인

Review Test 1

A-1 |보기|의 영어 문장을 읽으며 만화 상황을 떠 올려 보시오.

보기

1. He struggled with his conscience.
2. The boy constructed the model by himself.
3. He consumed a large meal.
4. The area was contaminated by the dog.
5. They are fond of contending about everything.
6. They agreed to cooperate with each other.
7. He is not right to criticize them.
8. It's such a cruel behavior.
9. He is walking a few steps on the crutch.
10. They are adopting the new curriculum.
11. Bowing is customary in Korea.
12. He declared his intent to do his best later.
13. No one was able to decode the letters.

A-2 A-1 |보기|의 영어문장을 표현한 만화를 찾아 **해당 번호**를 쓰시오.

Review Test 2

B-1 영어 뜻풀이와 연관된 우리말 뜻을 |보기|에서 고르시오.

문제 [1~5]

보기		
a. 집회	b. (구조·기능 등이) 같다	c. 확신시키다
d. 보호하다	e. (시간, 노력을) 바치다	

1. to give all your effort to one thing ____________
2. to protect from being hurt or harmed ____________
3. a formal meeting for people who have the same interests ____________
4. to make someone feel certain that something is true ____________
5. to have the same structure or function ____________

문제 [6~11]

보기		
a. 썩다	b. 패배시키다	c. 반항적인
d. 일관성	e. 현혹시키다	f. 개조하다

6. ready to argue or start fights ____________
7. to mislead others ____________
8. to change something into a different form ____________
9. the quality of always doing things in the same way ____________
10. to rot or become rotted ____________
11. to win a victory over someone in a game or battle ____________

B-2 B-1의 각 우리말 뜻에 맞는 **영어단어**를 **가로줄 박스**에 써 넣으시오.

1 □ □ □ □ ■ □ □ □

2 □ ■ □ □ □ □ □ □

3 □ □ □ □ □ ■ □ □ □ □

4 □ □ □ ■ □ □ □ □

5 □ □ □ □ ■ □ □ □ □ □

6 □ □ □ □ □ ■ □

7 □ □ □ □ ■ □ □

8 □ □ □ □ ■ □ □

9 □ □ ■ □ □ □ □ □ □ □ □

10 □ □ ■ □ □

11 □ □ □ ■ □ □

B-3 위 세로줄 ■ 안에 숨겨진 단어를 빈칸에 써 보고, 우리말 뜻을 고르시오.

____

① 집회 ② 결말 ③ 통용 ④ 편리

정답 Review Test

Review Test ❶

A-1

[문제 해석]

1. 그는 양심에 갈등을 겪었다.
2. 소년은 그 모형을 혼자서 직접 조립했다.
3. 그는 많은 음식을 다 먹어 치웠다.
4. 그 지역이 강아지에 의해 오염되었다.
5. 그는 무엇에 대해서든 논쟁하기를 좋아한다.
6. 그들은 서로 협력하기로 합의했다.
7. 그가 그들을 비판하는 것은 옳지 않다.
8. 그것은 정말 가혹한 행동이다.
9. 그는 목발에 의지하여 몇 걸음 걷고 있다.
10. 그들은 새로운 교과과정을 채택하고 있다.
11. 한국에서는 고개를 숙여 인사하는 것이 관례이다.
12. 그는 나중엔 최선을 다하겠다고 선언했다.
13. 아무도 그 글자를 해독할 수 없었다.

A-2

Review Test ❷

B-1

1. e 2. d 3. a 4. c 5. b
6. c 7. e 8. f 9. d 10. a
11. b

B-3

convenience, ④

B-2

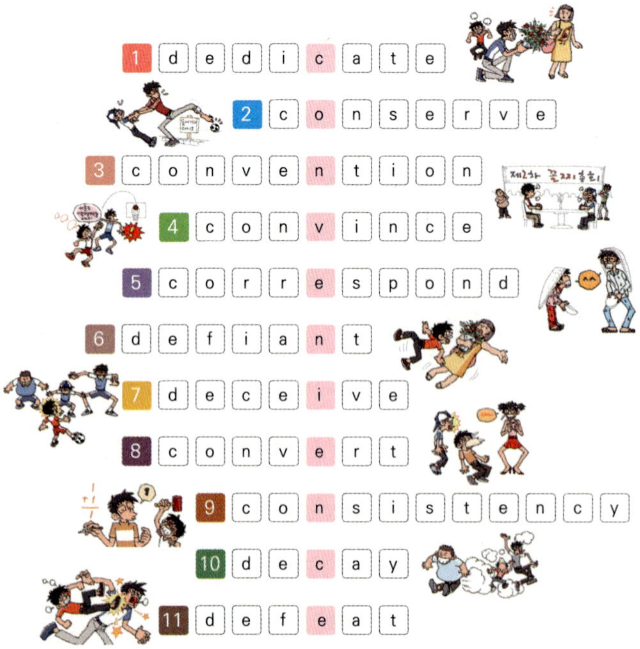

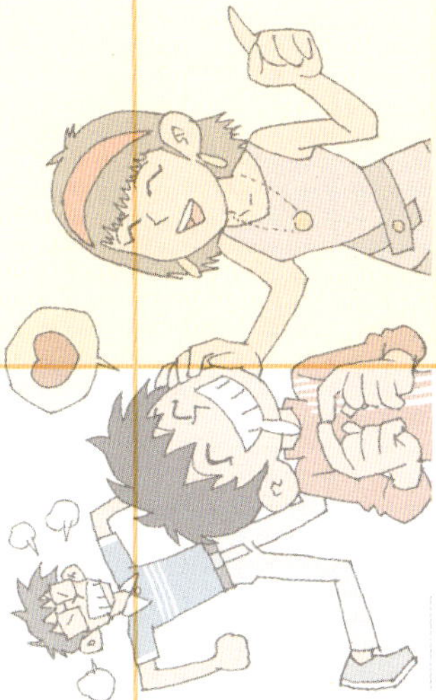

Unit 7

deficiency
define
defy
deliberate
delighted
democracy
demonstrate
dense
deplorable
deposit
deprive
despair
desperate
despite
destination
diabetes
dialect
director
discourage
disgusting
dismiss
disposal
distribute
disturb
dizzy
drought
dwindle
economize
ecosystem
efficient
elaborately
eliminate
embarrass
emphasize
encourage
enlighten
enormous
enroll
estimate
evaluate

Unit 7

01 de·fi·cien·cy **deficiency** [difíʃənsi]

결핍 lack, 부족 shortage

a lack of something that is needed

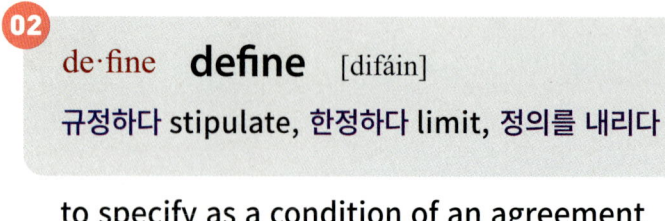

02 de·fine **define** [difáin]

규정하다 stipulate, 한정하다 limit, 정의를 내리다

to specify as a condition of an agreement

03 de·fy **defy** [difái]

도전하다 challenge, 반항하다 resist, 도전

to challenge to do something very difficult

04 de·lib·er·ate **deliberate** [dilíbərit]

심사숙고하다 consider, 신중한 careful,
계획적인 planned

to think about something very carefully

05 de·light·ed **delighted** [diláitid]

아주 기뻐하는 excited, 매우 즐거워하는 overjoyed

very pleased and happy

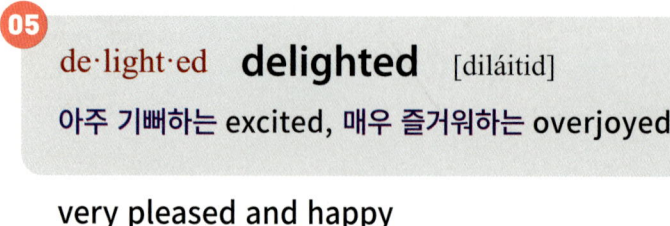

06

de·moc·ra·cy **democracy** [dimάkrəsi]

민주주의, 평등 equality

a state of society in which people choose leaders by voting

07

dem·on·strate **demonstrate** [démənstreit]

증명하다 prove, 설명하다 detail, 데모하다

to prove something by showing example

08

dense **dense** [dens]

밀집한 compact, 짙은 thick, 우둔한 stupid

having a lot of things that are close together

09

de·plor·a·ble **deplorable** [diplɔ́:rəbl]

유감스러운 lamentable, 통탄할 regrettable, 비통한

very bad, unpleasant, and shocking

10

de·pos·it **deposit** [dipάzit]

(어떤 장소에)놓다 put, 입금하다, 예금, 예치금

to put something down in a place

Unit 7

11 de·prive **deprive** [dipráiv]

(물건을)빼앗다 dispossess, 박탈하다, 파면하다

to take away from something from possession of a person

12 de·spair **despair** [dispέər]

절망하다, 단념하다 abandon, 절망 hopelessness

to lose all hope

13 des·per·ate **desperate** [déspərit]

발악하는, 맹렬한 violent, 절망적인 hopeless

acting with great force or ill will

14 de·spite **despite** [dispáit]

~에도 불구하고 in spite of

regardless of

15 des·ti·na·tion **destination** [destənéiʃən]

목적 target, 목적지 terminal, 도착지

a reason or plan that guides an action

16 di·a·be·tes **diabetes** [daiəbíːtis]

당뇨병

a disease in which there is too much sugar in the blood

17 di·a·lect **dialect** [dáiəlekt]

지방 사투리 accent, 방언 tongue

a form of a language that is spoken in a specific region

18 di·rec·tor **director** [diréktər]

(활동·부서 등의)책임자 manager, 감독 supervisor

someone who is in charge of an activity or division

19 dis·cour·age **discourage** [diskə́ːridʒ]

저지하다 deter, 의욕을 꺾다 dishearten

to try to prevent or persuade not to do

20 dis·gust·ing **disgusting** [disgʌ́stiŋ]

구역질나는 nasty, 정말 싫은 hateful, 역겨운

making you feel sick

Unit 7

21 dis·miss **dismiss** [dismís]

해산하다 disperse, 해고하다 discharge, 면직하다

to separate and move apart in different directions

22 dis·pos·al **disposal** [dispóuzəl]

(재산 따위의)양도 disposition, 처분 discarding, 배치

a giving away or a getting rid of something

23 dis·trib·ute **distribute** [distríbju:t]

배포하다 spread, 분배하다 allot

to share things among a group of people

24 dis·turb **disturb** [distə́:rb]

방해하다 annoy, 어지럽히다 confuse

to interrupt what someone is doing

25 diz·zy **dizzy** [dízi]

머리가 어찔어찔한 light-headed, 현기증 나는

having a feeling of spinning around

26

drought **drought** [draut]

목마름, 가뭄, 결핍 shortage

a feeling of being thirsty

27

dwin·dle **dwindle** [dwíndl]

작게(적게)하다, 감소되다 diminish, 쇠퇴하다 decline

to cause to become smaller

28

e·con·o·mize **economize** [kɔ́nəmaiz]

절약하다 save, 낭비를 피하다

to avoid waste

29

e·co·sys·tem **ecosystem** [ékousistəm]

생태계

everything that exists in an environment

30

ef·fi·cient **efficient** [ifíʃənt]

능률적인 well-oiled, 효과적인 effective

working in a way that gets results without wasting time

Unit 7

31

e·lab·o·rate·ly **elaborately** [ilǽbəreitli]

공들여 laboredly, 정성들여

with great care

32

e·lim·i·nate **eliminate** [ilíməneit]

없애다, 제거하다 remove

to get rid of something

33

em·bar·rass **embarrass** [imbǽrəs]

당황하게 하다, 난처하게 하다

to make someone feel nervous

34

em·pha·size **emphasize** [émfəsaiz]

(중요성을)강조하다 stress, 중요시하다

to say something in a strong way

35

en·cour·age **encourage** [enkə́:ridʒ]

용기를 북돋우다 strengthen, 격려하다 cheer

to give someone the courage to do something

36 en·light·en **enlighten** [enláitn]

(설명하여)이해시키다 educate, 계몽하다 illuminate

to give knowledge to someone

37 e·nor·mous **enormous** [inɔ́:rməs]

매우 큰 huge, 막대한 vast

very large in size or amount

38 en·roll **enroll** [enróul]

등록하다 register, 입학(회)시키다

to register formally as a member

39 es·ti·mate **estimate** [éstəmeit]

어림잡다 figure, 추정하다 compute, 견적을 내다

to try to judge the value or size of something

40 e·val·u·ate **evaluate** [ivǽljueit]

평가하다 assess, 판단하다 judge

to try to discover the degree of something

단어 리스트

01	**deficiency**	결핍, 부족	11	**deprive**	(물건을)빼앗다, 박탈하다, 파면하다,
02	**define**	규정하다, 한정하다, 정의를 내리다	12	**despair**	절망하다, 단념하다, 절망
03	**defy**	도전하다, 반항하다, 도전	13	**desperate**	발악하는, 맹렬한, 절망적인
04	**deliberate**	심사숙고하다, 신중한, 계획적인	14	**despite**	~에도 불구하고
05	**delighted**	아주 기뻐하는, 매우 즐거워하는	15	**destination**	목적, 목적지, 도착지
06	**democracy**	민주주의, 평등	16	**diabetes**	당뇨병
07	**demonstrate**	증명하다, 설명하다, 데모하다	17	**dialect**	지방 사투리, 방언
08	**dense**	밀집한, 짙은, 우둔한	18	**director**	(활동 · 부서 등의)책임자, 감독
09	**deplorable**	유감스러운, 통탄할, 비통한	19	**discourage**	저지하다, 의욕을 꺾다
10	**deposit**	(어떤 장소에)놓다, 입금하다, 예금, 예치금	20	**disgusting**	구역질나는, 정말 싫은, 역겨운

21	**dismiss**	해산하다, 해고하다, 면직하다	31	**elaborately**	공들여, 정성들여
22	**disposal**	(재산 따위의)양도, 처분, 배치	32	**eliminate**	없애다, 제거하다
23	**distribute**	배포하다, 분배하다	33	**embarrass**	당황하게 하다, 난처하게 하다
24	**disturb**	방해하다, 어지럽히다	34	**emphasize**	(중요성을)강조하다, 중요시하다
25	**dizzy**	머리가 어찔어찔한, 현기증 나는	35	**encourage**	용기를 북돋우다, 격려하다
26	**drought**	목마름, 가뭄, 결핍	36	**enlighten**	(설명하여)이해시키다, 계몽하다
27	**dwindle**	작게(적게)하다, 감소되다, 쇠퇴하다	37	**enormous**	매우 큰, 막대한
28	**economize**	절약하다, 낭비를 피하다	38	**enroll**	등록하다, 입학(회)시키다
29	**ecosystem**	생태계	39	**estimate**	어림잡다, 추정하다, 견적을 내다
30	**efficient**	능률적인, 효과적인	40	**evaluate**	평가하다, 판단하다

Review Test 1

A 만화 상황을 표현한 문장으로 빈칸에 알맞은 것을 고르시오.

1.

He __________ that they have no interest in studying.

① distributed　② demonstrated
③ embarrassed　④ estimated

2.

He started to get very __________.

① desperate　② discourage
③ economize　④ eliminate

3.

He spoke in heavy __________.

① diabetes　② disposal
③ dialect　④ drought

4.

It looks like a quick and __________ way.

① delighted　② despite
③ enormous　④ efficient

Review Test 2

B 만화 상황과 연관된 영어 뜻풀이를 고르시오.

1.

① to avoid waste
② to say something in a strong way
③ making you feel sick
④ acting with great force or ill will

2.

① to give knowledge to someone
② to make someone feel nervous
③ a feeling of being thirsty
④ a reason or plan that guides an action

3.

① to cause to become smaller
② to try to prevent or persuade not to do
③ to think about something very carefully
④ to challenge to do something very difficult

4.

① to take away from something from possession of a person
② to specify as a condition of an agreement
③ having a feeling of spinning around
④ having a lot of things that are close together

Review Test 3

C-1 각각의 캐릭터대로 사다리를 타고 내려가 보시오.

① 방해하다
② 격려하다
③ 등록하다
④ 어림잡다

① diabetes
② deficiency
③ democracy
④ ecosystem

① drought
② evaluate
③ elaborately
④ discourage

① 현기증 나는
② 감소되다
③ 해산하다
④ 감독

C-2 사다리타기로 만난 단어가 **영어라면 우리말**로,
우리말이라면 영어로 만빙고 카드의 **캐릭터 칸**에 쓰시오.

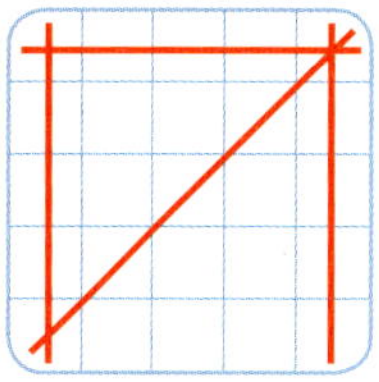

정답 Review Test

Review Test ❶

A 1. ② 2. ① 3. ③ 4. ④

Review Test ❷

B 1. ③ 2. ③ 3. ④ 4. ①

Review Test ❸

C-2

① 당뇨병	② 결핍/부족	③ 민주주의/평등	④ 생태계	① disturb
① dizzy			② encourage	① 목마름/가뭄/결핍
② dwindle		③ enroll		② 평가하다/판단하다
③ dismiss	④ estimate			③ 공들여/정성들여
④ director				④ 저지하다/의욕을 꺾다

MANBINGO

Unit 8

exceedingly

except

exchange

exhibit

expand

expectancy

expense

expensive

explanatory

export

expose

express

extend

extra

extraordinary

extreme

facilitate

fair

familiar

fare

fascinate

favor

feature

fertilize

filter

float

forecast

forgive

fossilize

foster

frequency

fruitful

frustrate

fulfill

function

garbage

gather

generate

gem

genuine

Unit 8

01

ex·ceed·ing·ly **exceedingly** [iksí:diŋli]

매우 very, 대단히 exceptionally

in a way that exceeds the usual

02

ex·cept **except** [iksépt]

~를 제외하고 excluding

not to include someone or something

03

ex·change **exchange** [ikstʃéindʒ]

교환하다 swap, 교환 change, 말싸움 argument

to give and take one thing in return for another

04

ex·hib·it **exhibit** [igzíbit]

전시하다 display, 전시회 show, 전시품

to show something interesting in a public place

05

ex·pand **expand** [ikspǽnd]

펼치다 spread, 확장하다, 부풀게 하다

to open something up and arrange it over a place

06

ex·pect·an·cy **expectancy** [ikspéktənsi]

기대 anticipation, 예상 expectation, 가망 possibility

something that is expected

07

ex·pense **expense** [ikspéns]

(어떤 일에 드는)돈 cost, 지출 expenditure

money needed to buy or do something

08

ex·pen·sive **expensive** [ikspénsiv]

값비싼 costly, 돈이 많이 드는 dear

having a high price

09

ex·plan·a·to·ry **explanatory** [iksplǽnətɔ:ri]

설명하기 위한 interpretive, 이유를 밝히는

serving to explain

10

ex·port **export** [ikspɔ́:rt]

수출하다, 수출, 수출품

to send to another country to sell

Unit 8

11 ex·pose **expose** [ikspóuz]

드러내다 reveal, 폭로하다 disclose,
밝히다 uncover

to show something that is usually hidden

12 ex·press **express** [iksprés]

표현하다 speak, 고속의 high-speed, 고속 열차

to say what you are thinking by using words

13 ex·tend **extend** [iksténd]

(영토·지역 등을) 확장하다 enlarge, 연장하다 prolong

to make a territory or area bigger

14 ex·tra **extra** [ékstrə]

단역 배우, 추가되는 것, 추가의 additional

an actor who has a minor role in a production

15 ex·traor·di·nar·y **extraordinary** [ikstrɔ́:rdəneri]

보통이 아닌, 비범한 uncommon

very different from what is normal

16 ex·treme **extreme** [ikstríːm]

지나친 excessive, 극도의 utmost, 대단한

far beyond what is usual or reasonable

17 fa·cil·i·tate **facilitate** [fəsíləteit]

돕다 aid, 촉진하다 speed, (손)쉽게 하다 ease

to make less difficult

18 fair **fair** [fɛər]

박람회 exposition, 공정한 just, 아름다운

a regular event where companies advertise their products

19 fa·mil·iar **familiar** [fəmíljər]

친숙한 close, 친밀한 intimate,
잘 아는 acquainted

close and friendly

20 fare **fare** [fɛər]

승차 요금 passage, 통행료 toll

the price paid to ride on a bus, train, etc.

Unit 8

21

fas·ci·nate **fascinate** [fǽsəneit]

황홀케 하다 attract, 매료시키다 charm

to interest someone very much

22

fa·vor **favor** [féivər]

호의를 보이다 prefer, 찬성하다 approve, 부탁 request

to treat gently or carefully

23

fea·ture **feature** [fíːtʃər]

특징으로 삼다 characterize, 특징 trait, 용모 looks

to present as something important

24

fer·ti·lize **fertilize** [fə́ːrtəlaiz]

비옥하게하다 enrich, (토지에)비료를 주다, 수정시키다

to make productive

25

fil·ter **filter** [fíltər]

(원치 않는 것을)걸러 내다, 여과장치

to remove dirt from by using a device

26

float **float** [flout]

(공중에서)떠가다 drift, (물에)뜨다

to move in airy way

27

fore·cast **forecast** [fɔ́:rkæst]

예상하다 predict, 예측 outlook, 예보

to state as likely to happen

28

for·give **forgive** [fərgív]

(죄를)용서하다 excuse, (빚, 의무 등을)면제하다

to stop being angry with someone

29

fos·sil·ize **fossilize** [fɔ́səlaiz]

화석이 되다, 화석화하다

to become a fossil by being preserved in rock

30

fos·ter **foster** [fɔ́stər]

육성하다 promote, (양자로)기르다 adopt

to help to develop a skill, feeling, idea, etc.

31 fre·quen·cy **frequency** [frí:kwənsi]

빈도수, 빈도

the number of times that something happens during a particular period

32 fruit·ful **fruitful** [frú:tfəl]

열매가 많이 열리는 fertile, 비옥한 productive

producing fruit in large quantities

33 frus·trate **frustrate** [frʌ́streit]

방해하다 hamper, 좌절시키다 disappoint, 실망하다

to disappoint someone's plans

34 ful·fill **fulfill** [fulfil]

성취하다 perform, (조건·요구 등을)충족시키다 meet

to do or carry out as expected

35 func·tion **function** [fʌ́ŋkʃən]

기능을 하다 operate, 기능, 임무 duty

to operate in a way that is desired

36 gar·bage **garbage** [gάːrbidʒ]

(음식물·휴지 등의)쓰레기, 쓰레기통

food or other things that are thrown away

37 gath·er **gather** [gǽðər]

모으다 collect, 모이다 muster, 수확하다 harvest

to collect things into one pile or place

38 gen·er·ate **generate** [dʒénəreit]

생기게 하다 hatch, 만들어 내다 produce, 발생시키다 originate

to bring into being or to produce

39 gem **gem** [dʒem]

귀중한 것(사람) treasure, 보석 jewel

anything or anyone that is very valuable

40 gen·u·ine **genuine** [dʒénjuin]

진짜의 authentic, 진실한 honest, 순수한

not fake

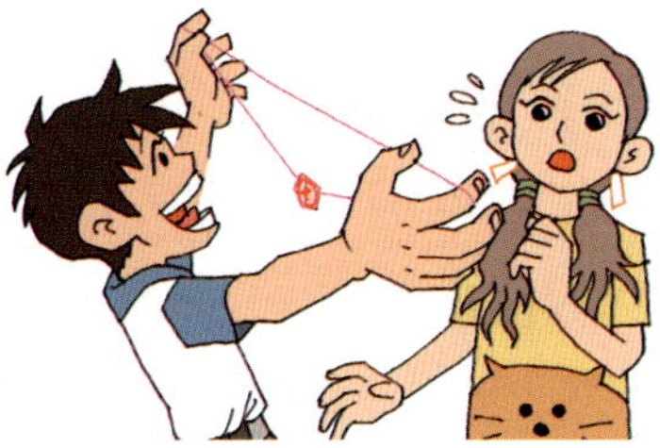

단어 리스트

01	**exceedingly**	매우, 대단히	11	**expose**	드러내다, 폭로하다, 밝히다
02	**except**	~를 제외하고	12	**express**	표현하다, 고속의, 고속 열차
03	**exchange**	교환하다, 교환, 말싸움	13	**extend**	(영토 · 지역 등을)확장하다, 연장하다
04	**exhibit**	전시하다, 전시회, 전시품	14	**extra**	단역 배우, 추가되는 것, 추가의
05	**expand**	펼치다, 확장하다, 부풀게 하다	15	**extraordinary**	보통이 아닌, 비범한
06	**expectancy**	기대, 예상, 가망	16	**extreme**	지나친, 극도의, 대단한
07	**expense**	(어떤 일에 드는)돈, 지출	17	**facilitate**	돕다, 촉진하다, (손)쉽게 하다
08	**expensive**	값비싼, 돈이 많이 드는	18	**fair**	박람회, 공정한, 아름다운
09	**explanatory**	설명하기 위한, 이유를 밝히는	19	**familiar**	친숙한, 친밀한, 잘 아는
10	**export**	수출하다, 수출, 수출품	20	**fare**	승차 요금, 통행료

21	**fascinate**	황홀케 하다, 매료시키다	31	**frequency**	빈도수, 빈도
22	**favor**	호의를 보이다, 찬성하다, 부탁	32	**fruitful**	열매가 많이 열리는, 비옥한
23	**feature**	특징으로 삼다, 특징, 용모	33	**frustrate**	방해하다, 좌절시키다, 실망하다
24	**fertilize**	비옥하게하다, (토지에)비료를 주다, 수정시키다	34	**fulfill**	성취하다, (조건 · 요구 등을)충족시키다
25	**filter**	(원치 않는 것을)걸러 내다, 여과장치	35	**function**	기능을 하다, 기능, 임무
26	**float**	(공중에서)떠가다, (물에) 뜨다	36	**garbage**	(음식물 · 휴지 등의) 쓰레기, 쓰레기통
27	**forecast**	예상하다, 예측, 예보	37	**gather**	모으다, 모이다, 수확하다
28	**forgive**	(죄를)용서하다, (빚, 의무 등을)면제하다	38	**generate**	생기게 하다, 만들어 내다, 발생시키다
29	**fossilize**	화석이 되다, 화석화하다	39	**gem**	귀중한 것(사람), 보석
30	**foster**	육성하다, (양자로)기르다	40	**genuine**	진짜의, 진실한, 순수한

Review Test 1

A-1 우리말 뜻과 연관된 영어 뜻풀이를 |보기|에서 고르시오.

가로줄 문제 [1 ~ 4]

| 보기 |

a. far beyond what is usual or reasonable
b. to open something up and arrange it over a place
c. money needed to buy or do something
d. to operate in a way that is desired

1 (어떤 일에 드는)돈 ________ 2 지나친 ________

3 기능을 하다 ________ 4 펼치다 ________

가로줄 문제 [5 ~ 9]

| 보기 |

a. to bring into being or to produce
b. to send to another country to sell
c. not fake
d. to show something that is usually hidden
e. an actor who has a minor role in a production

5 드러내다 ________ 6 진짜의 ________ 7 생기게 하다 ________

8 단역 배우 ________ 9 수출하다 ________

세로줄 문제 [1 ~ 5]

| 보기 |

a. to give and take one thing in return for another
b. to disappoint someone's plans
c. very different from what is normal
d. food or other things that are thrown away
e. to move in airy way

1 (음식물·휴지 등의)쓰레기 ________ 2 보통이 아닌 ________

3 방해하다 ________ 4 (공중에서)떠가다 ________

5 교환하다 ________

A-2 A-1의 우리말 뜻에 맞는 영어단어를 찾아 묶으시오.

1

2

3

4

1

5

6

a	e	x	p	e	n	s	e	o	p
b	d	r	e	x	t	r	e	m	e
f	u	n	c	t	i	o	n	a	x
g	s	f	g	r	h	i	f	e	c
a	e	x	p	a	n	d	r	u	h
r	e	x	p	o	s	e	u	f	a
b	a	x	c	r	i	y	s	l	n
a	w	t	b	d	n	m	t	o	g
g	e	n	u	i	n	e	r	a	e
e	j	g	e	n	e	r	a	t	e
a	d	f	u	a	e	x	t	r	a
e	x	p	o	r	t	p	e	o	l
t	y	u	o	y	e	s	a	c	n

2

3

4

5

7

8

9

Review Test 2

B-1 |보기|의 영어 문장을 읽으며 만화 상황을 떠 올려 보시오.

|보기|

1. He wears an expensive watch.
2. He is open-minded about expressing his love towards her.
3. Various flowers are on display at the fair.
4. They are very familiar with the cat.
5. He had to pay the fare to ride a bike.
6. They were fascinated by her appearance.
7. The girl has been favored by the boys for her beauty.
8. They are fertilizing the plants in their garden.
9. He is going to forgive her for what she did.
10. This is a plan to help foster the boys who are bad at their classwork.
11. His goal has finally been fulfilled.
12. They are putting out the garbage.
13. The thing he broke was the rare gem.

B-2 B-1 |보기|의 영어문장을 표현한 만화를 찾아 **해당 번호**를 쓰시오.

Review Test ❶

A-1

가로줄 문제

1 c 2 a 3 d 4 b

5 d 6 c 7 a 8 e 9 b

세로줄 문제

1 d 2 c 3 b 4 e 5 a

A-2

a	e	x	p	e	n	s	e	o	p
b	d	r	e	x	t	r	e	m	e
f	u	n	c	t	i	o	n	a	x
g	s	f	g	r	h	i	f	e	c
a	e	x	p	a	n	d	r	u	h
r	e	x	p	o	s	e	u	f	a
b	a	x	c	r	i	y	s	l	n
a	w	t	b	d	n	m	t	o	g
g	e	n	u	i	n	e	r	a	e
e	j	g	e	n	e	r	a	t	e
a	d	f	u	a	e	x	t	r	a
e	x	p	o	r	t	p	e	o	l
t	y	u	o	y	e	s	a	c	n

Review Test ❷

B-1

[문제 해석]

1. 그가 비싼 시계를 차고 있다.
2. 그는 그녀에 대한 사랑을 표현하는데 있어 개방적이다.
3. 박람회에 다양한 꽃이 전시되어 있다.
4. 그들은 고양이와 매우 친숙하다.
5. 자전거를 타기 위해 그는 승차 요금을 지불해야 했다.
6. 그들은 그녀의 외모에 매료되었다.
7. 소녀는 자신의 미모 때문에 소년들에 의해 호의를 받고 있다.
8. 그들은 정원에 있는 식물에 비료를 주고 있다.
9. 그는 그녀가 한 일을 용서할 것이다.
10. 이것은 열등생들을 육성하는 데 도움을 주기 위한 계획이다.
11. 그의 목표가 마침내 성취되었다.
12. 그들은 쓰레기를 밖에 내놓고 있다.
13. 그가 깬 것은 진귀한 보물이었다.

B-2

MANBINGO

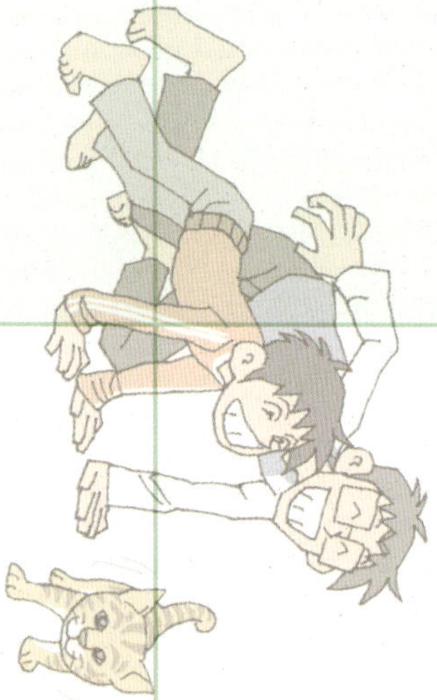

Unit 9

geography
glacier
glitter
globe
gloomy
glorious
govern
grab
gradual
greed
grumble
guarantee
habitat
hasten
hesitation
highlight
horizon
hostile
hygrometer
identical
ignore
imitate
immature
immediate
immigrant
import
impose
impress
improve
improvise
impulse
increase
incredible
indicate
indifference
indulge
inferior
inflate
influence
infrastructure

Unit 9

01 ge·og·ra·phy **geography** [dʒiːɑ́grəfi]

지리학, 지리

the science of the earth's surface and all life on it

02 gla·cier **glacier** [glǽsjər]

빙하

a large mass of ice formed in cold regions

03 glit·ter **glitter** [glítər]

반짝이다 sparkle, 반짝임, 화려함

to shine brightly

04 globe **globe** [gloub]

지구본, 구체, 세계 world

a round ball with a map of the earth on it

05 gloom·y **gloomy** [glúːmi]

우울한 dismal, 어두운 dark, 비관적인 pessimistic

filled with sadness

06 glo·ri·ous **glorious** [glɔ́:riəs]

영광스러운 heroic, 빛나는 shining

having fame, honor, or glory

07 gov·ern **govern** [gʌ́vərn]

관리하다 manage, 다스리다 rule, 지배하다 control

to make someone or something do what you want

08 grab **grab** [græb]

움켜잡다 seize, 움켜쥐기 grip

to take hold of something with force

09 grad·u·al **gradual** [grǽdʒuəl]

단계적인 step-by-step, 점진적인 progressive

moving by little by little

10 greed **greed** [gri:d]

식탐 gluttony, 탐욕 avarice

a strong desire for more food or money than you need

Unit 9

11 grum·ble **grumble** [grʌ́mbəl]

투덜거리다 groan, 불평하다 complain,
불평 complaint

to keep complaining in an unhappy way

12 guar·an·tee **guarantee** [gæ̀rəntíː]

보증하다 assure, 보증 warranty

to make a formal written promise to repair or replace a product

13 hab·i·tat **habitat** [hǽbətæ̀t]

서식지, 거주지 dwelling

the place where a plant or animal naturally lives

14 has·ten **hasten** [héisn]

서두르다 hurry, 서둘러가다 rush

to move or act with speed

15 hes·i·ta·tion **hesitation** [hèzətéiʃən]

주저 pause, 망설임

the action of hesitating

16 high·light **highlight** [háilait]

강조하다 stress, 가장 중요한 부분

to give particular emphasis

17 ho·ri·zon **horizon** [həráizən]

지평선 skyline, 수평선

the line where the land or ocean seems to meet the sky

18 hos·tile **hostile** [hástil]

적대적인 unfriendly, 적의 있는 hateful

feeling or showing dislike

19 hy·grom·e·ter **hygrometer** [haigrámitər]

습도계

any instrument for measuring the amount of moisture

20 i·den·ti·cal **identical** [aidéntikəl]

똑같은 same, 일란성의

exactly the same

Unit 9

21

ig·nore **ignore** [ignɔ́:r]

못 본 척하다, 무시하다 disregard

to take no notice of someone

22

im·i·tate **imitate** [ímiteit]

모방하다 mimic, 흉내 내다 mock

to copy the way someone behaves

23

im·ma·ture **immature** [imətjúər]

다 자라지 못한, 미성년의 juvenile

lacking complete growth

24

im·me·di·ate **immediate** [imí:diət]

시급한 urgent, 즉각적인 instant, 즉석의 prompt

needing to be dealt with quickly

25

im·mi·grant **immigrant** [ímigrənt]

이민자, 이민

a person who migrates to another country

26 im·port **import** [impɔ́:rt]

수입하다, 수입, 중요성 significance, 의미 meaning

to bring products from abroad into a country for use or sale

27 im·pose **impose** [impóuz]

(벌이나 세금 등을)부과하다 levy, 강요하다 force

to set as something to be paid

28 im·press **impress** [imprés]

깊은 인상을 주다, 감동을 주다 touch

to make a deep impact on someone

29 im·prove **improve** [imprú:v]

개량하다 reform, 향상시키다 enhance

to make something better

30 im·pro·vise **improvise** [ímprəvaiz]

즉흥적으로 하다 play it by ear

to do something without preparing

Unit 9

31

im·pulse **impulse** [ímpʌls]

충동 instinct, 자극 spur, 원동력 desire

a sudden desire that you must do something

32

in·crease **increase** [inkríːs]

(양, 수, 크기가)증가하다, 증가시키다 multiply,
증가 addition

to become greater in amount, number, or size

33

in·cred·i·ble **incredible** [inkrédəbəl]

믿을 수 없는 unbelievable, 엄청난 amazing

difficult or impossible to believe

34

in·di·cate **indicate** [índikeit]

가리키다 designate, 나타내다 pinpoint, 지시하다

to point out or show

35

in·dif·fer·ence **indifference** [indífərəns]

무심 inattention, 무관심 disinterest

lack of attentiveness

36 in·dulge **indulge** [indʌ́ldʒ]

(좋아하는 음식을)먹다, 탐닉하다, 빠지다

to satisfy an appetite

37 in·fe·ri·or **inferior** [infíəriər]

하위의 secondary, 열등한, 아래 사람

lower in rank or position

38 in·flate **inflate** [infléit]

부풀리다 augment, (가격을)올리다 raise,
과장하다 exaggerate

to expand abnormally

39 in·flu·ence **influence** [ínfluəns]

(행동이나 사고에)영향을 주다, 영향

to affect the way someone behaves or thinks

40 in·fra·struc·ture **infrastructure** [ínfrəstrʌktʃər]

하부 구조 framework, 기초 base, 사회기반시설

the basic framework of a system

단어 리스트

01	geography	지리학, 지리	11	grumble	투덜거리다, 불평하다, 불평
02	glacier	빙하	12	guarantee	보증하다, 보증
03	glitter	반짝이다, 반짝임, 화려함	13	habitat	서식지, 거주지
04	globe	지구본, 구체, 세계	14	hasten	서두르다, 서둘러가다
05	gloomy	우울한, 어두운, 비관적인	15	hesitation	주저, 망설임
06	glorious	영광스러운, 빛나는	16	highlight	강조하다, 가장 중요한 부분
07	govern	관리하다, 다스리다, 지배하다	17	horizon	지평선, 수평선
08	grab	움켜잡다, 움켜쥐기	18	hostile	적대적인, 적의 있는
09	gradual	단계적인, 점진적인	19	hygrometer	습도계
10	greed	식탐, 탐욕	20	identical	똑같은, 일란성의

21	**ignore**	못 본 척하다, 무시하다	31	**impulse**	충동, 자극, 원동력
22	**imitate**	모방하다, 흉내 내다	32	**increase**	(양, 수, 크기가)증가하다, 증가시키다, 증가
23	**immature**	다 자라지 못한, 미성년의	33	**incredible**	믿을 수 없는, 엄청난
24	**immediate**	시급한, 즉각적인, 즉석의	34	**indicate**	가리키다, 나타내다, 지시하다
25	**immigrant**	이민자, 이민	35	**indifference**	무심, 무관심
26	**import**	수입하다, 수입, 중요성, 의미	36	**indulge**	(좋아하는 음식을)먹다, 탐닉하다, 빠지다
27	**impose**	(벌이나 세금 등을)부과하다, 강요하다	37	**inferior**	하위의, 열등한, 아래 사람
28	**impress**	깊은 인상을 주다, 감동을 주다	38	**inflate**	부풀리다, (가격을)올리다, 과장하다
29	**improve**	개량하다, 향상시키다	39	**influence**	(행동이나 사고에)영향을 주다, 영향
30	**improvise**	즉흥적으로 하다	40	**infrastructure**	하부 구조, 기초, 사회기반시설

Review Test 1

A 우리말 뜻에 맞는 영어문장으로 빈칸에 알맞은 것을 고르시오.

1.

He eats because of ________, not hunger.

그는 배가 고파서가 아니라 식탐 때문에 음식을 먹는다.

① grab ② greed

③ govern ④ globe

2.

His ________ indicated unwillingness.

그가 주저하는 것은 마음이 내키지 않음을 암시했다.

① horizon ② habitat

③ hostile ④ hesitation

3.

He has been a positive ________ on the dog.

그는 강아지에게 긍정적인 영향을 주어 왔다.

① influence ② inflate

③ inferior ④ indulge

4.

He resisted an ________ to eat an ice bar.

그는 아이스 바 먹고 싶은 충동을 꾹 참았다.

① improve ② increase

③ impulse ④ inflate

Review Test 2

B 만화 상황과 연관된 영어 뜻풀이를 고르시오.

1.

① to satisfy an appetite
② to point out or show
③ to shine brightly
④ to take hold of something with force

2.

① to make something better
② to expand abnormally
③ to take no notice of someone
④ to set as something to be paid

3.

① having fame, honor, or glory
② lacking complete growth
③ feeling or showing dislike
④ needing to be dealt with quickly

4.

① to become greater in amount, number, or size
② to copy the way someone behaves
③ to bring products from abroad into a country for use or sale
④ to make a formal written promise to repair or replace a product

Review Test 3

C-1 영어 뜻풀이와 연관된 우리말 뜻을 |보기|에서 고르시오.

문제 [1 ~ 5]

| 보기 |

a. 지리학　　b. 즉흥적으로 하다　　c. 강조하다　　d. 우울한　　e. 지평선

1. to give particular emphasis ____________
2. filled with sadness ____________
3. the science of the earth's surface and all life on it ____________
4. the line where the land or ocean seems to meet the sky ____________
5. to do something without preparing ____________

문제 [6 ~ 10]

| 보기 |

a. 하위의　　b. 서두르다　　c. (행동이나 사고에)영향을 주다
d. 깊은 인상을 주다　　e. 투덜거리다

6. to keep complaining in an unhappy way ____________
7. to make a deep impact on someone ____________
8. to move or act with speed ____________
9. to affect the way someone behaves or thinks ____________
10. lower in rank or position ____________

C-2 C-1의 각 우리말 뜻에 맞는 **영어단어**를 **가로줄 박스**에 써 넣으시오.

1

2

3

4

5

6

7

8

9

10

C-3 위 세로줄 안에 숨겨진 단어를 빈칸에 써 보고, 우리말 뜻을 고르시오.

____

① 지리학　　② 빙하　　③ 습도계　　④ 이민자

Review Test ❶

A 1. ② 2. ④ 3. ① 4. ③

Review Test ❷

B 1. ② 2. ③ 3. ① 4. ②

Review Test ❸

C-1

1 c	2 d	3 a	4 e	5 b
6 e	7 d	8 b	9 c	10 a

C-2

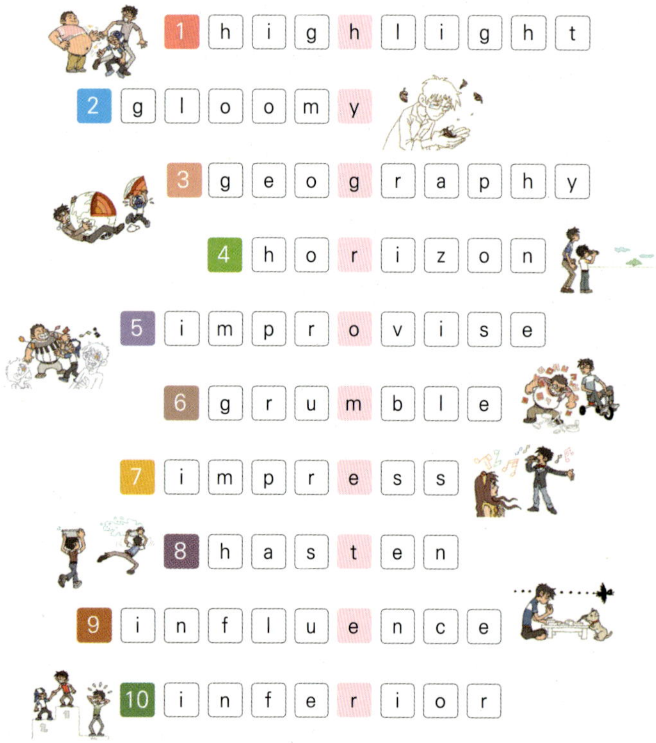

1. highlight
2. gloomy
3. geography
4. horizon
5. improvise
6. grumble
7. impress
8. hasten
9. influence
10. inferior

C-3

hygrometer, ③

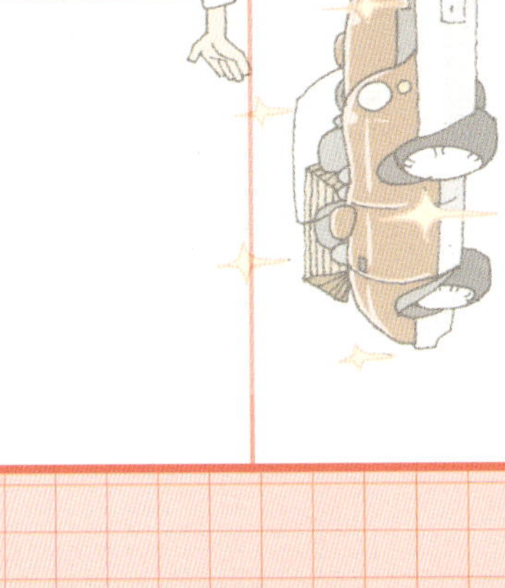

MANBINGO

Unit 10

insomnia
instruct
interact
interest
interfere
interpret
intersection
intolerable
irritate
isolated
jewelry
journal
kindergarten
knit
landing
landscape
launch
leak
lean
leap
likelihood
majority
malnutrition
manifest
manual
marvel
massive
masterpiece
master's degree
mathematics
mature
maximum
mediate
meek
minimum
miserable
modify
monotonous
moody
morality

01 in·som·ni·a **insomnia** [insάmniə]

잠을 잘 수 없음 sleeplessness, 불면증

difficulty in getting to sleep

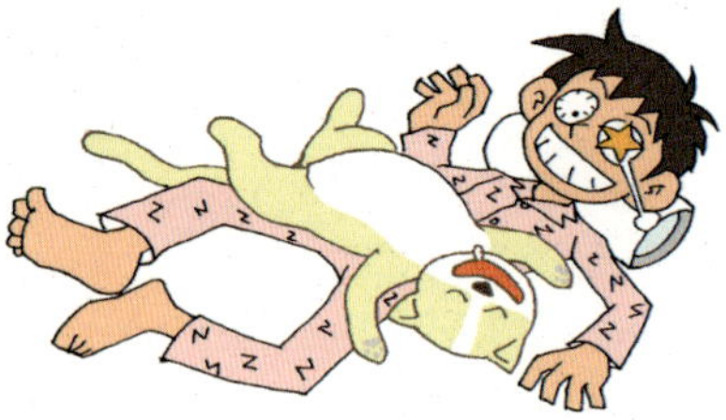

02 in·struct **instruct** [instrʌ́kt]

지시하다 direct, 가르치다 educate,
알려주다 inform

to formally tell someone to do something

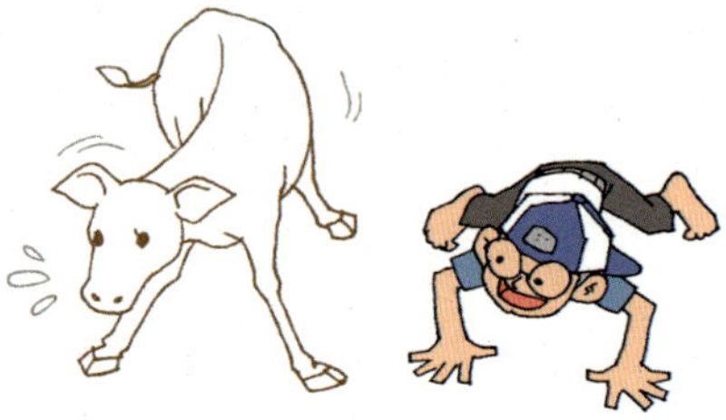

03 in·ter·act **interact** [intə́:rækt]

상호작용을 하다, 소통하다 communicate

to do things with other people

04 in·ter·est **interest** [íntərist]

관심을 보이다, 관심 concern, 이자

to show the desire to hear more about something

05 in·ter·fere **interfere** [intərfíər]

참견하다 meddle, 방해하다 intrude

to take part in the affairs of others

06 in·ter·pret **interpret** [intə́:rprit]

통역하다 translate, 설명하다 explain

to change or translate from one language into another

07 in·ter·sec·tion **intersection** [intəsékʃən]

교차로 interchange, 교차 지점 junction

the place where two or more roads meet

08 in·tol·er·a·ble **intolerable** [intálərəbəl]

참을 수 없는 unbearable, 지나친 extreme

not to be able to bear

09 ir·ri·tate **irritate** [írəteit]

짜증나게 하다 annoy, (피부 등을)자극하다

to make someone angry

10 i·so·lated **isolated** [áisəleitid]

고립된 lonely, 격리된

separated from other persons or things

Unit 10

11 jew·el·ry **jewelry** [dʒúːəlri]

보석류 treasure, 장신구 ornament

small things that you wear for decoration

12 jour·nal **journal** [dʒə́ːrnəl]

(일간)신문 newspaper, 일기 diary,
(전문기관의)정기 간행물

a newspaper or magazine

13 kin·der·gar·ten **kindergarten** [kíndərgɑːrtn]

유치원 nursery school, 유아원 day care center

a program for very young children

14 knit **knit** [nit]

뜨개질하다 weave, 짜다

to make clothing out of wool, using long needles

15 land·ing **landing** [lǽndiŋ]

착륙 touchdown, 상륙

the action of arriving on land

16 land·scape **landscape** [lǽndskeip]

조경 공사를 하다, 풍경 scenery, 경관 scene

to make a garden look attractive

17 launch **launch** [lɔːntʃ]

(로켓)을 쏘아 올리다 fire, (사업 등을)시작하다 start

to send a weapon into the sky

18 leak **leak** [liːk]

(가스, 물 등이)새다 escape, 누설되다 disclose, 누출 leakage

to let gas or liquid out of a hole

19 lean **lean** [liːn]

기대다, (몸을)숙이다 bend, 경사 slope

to support yourself against a wall or other surface

20 leap **leap** [liːp]

껑충 뛰다 bounce, 도약하다 rocket, 도약

to spring into the air

Unit 10

21 like·li·hood **likelihood** [láiklihud]

(어떤 일이 있을)가능성 probability, 기회 chance

a probability or chance of something

22 ma·jor·i·ty **majority** [mədʒɔ́(:)rəti]

대다수 most, 다수파 generality

the greater number or amount

23 mal·nu·tri·tion **malnutrition** [mæ:lnju:tríʃən]

영양 부족 undernourishment,
영양실조 deficiency

the condition of not having enough food for good health

24 man·i·fest **manifest** [mǽnəfest]

분명하게 하다 clarify, 명백한 unambiguous,
승객 명단

to show plainly

25 man·u·al **manual** [mǽnjuəl]

손으로 하는 hand-operated, 안내서 guide,
설명서 handbook

having to do with use of the hands

26 mar·vel **marvel** [mɑ́:rvəl]

기이하게 느끼다 wonder, 경탄하다, 경이 miracle

to be filled with wonder or amazement

27 mas·sive **massive** [mǽsiv]

엄청나게 큰 huge, 부피가 큰 bulky

large in scale, amount, or degree

28 mas·ter·piece **masterpiece** [mǽstərpi:s]

걸작, 명작

a person's finest piece of work

29 mas·ter's de·gree **master's degree** [mǽstərs digr i:]

석사학위

a degree awarded by a graduate school

30 math·e·mat·ics **mathematics** [mæθəmǽtiks]

수학 math

the science of numbers and of shapes

Unit 10

31 ma·ture **mature** [mətjúər]

성숙한 grown, 익은 ripe

fully developed in mental, emotional, or physical qualities

32 max·i·mum **maximum** [mǽksəməm]

최대 top, 최고의 superlative

the highest degree recorded

33 me·di·ate **mediate** [mí:dieit]

화해시키다 reconcile, 중재하다 arbitrate, 중개의

to act as an intermediary in a dispute

34 meek **meek** [mi:k]

온순한 mild, 유순한 docile

very quiet and unwilling to argue with people

35 min·i·mum **minimum** [mínəməm]

최소 least, 최소의 minimal

the smallest or least possible amount, degree, or number

36 mis·er·a·ble **miserable** [mízərəbəl]

비참한 wretched, 슬픈 pathetic, 침울한 gloomy

very unhappy

37 mod·i·fy **modify** [mádəfai]

수정하다 revise, 개조하다 adapt, 수식하다

to change in some way

38 mo·not·o·nous **monotonous** [mənátənəs]

지루한 boring, 반복하는 repetitive, 단조로운

not interesting because of having to do the same thing over and over

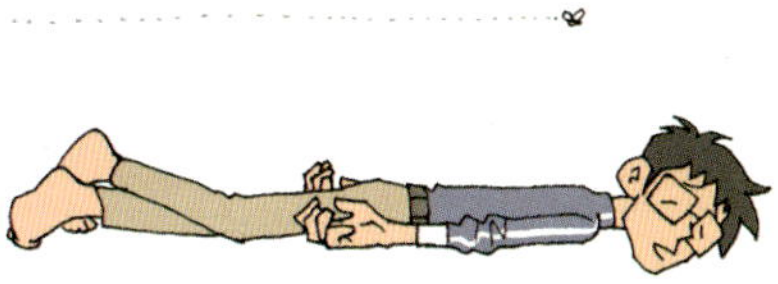

39 moo·dy **moody** [mú:di]

변덕스러운 fickle, 우울한 downcast

having moods that change quickly and often

40 mo·ral·i·ty **morality** [mɔ(:)rǽləti]

도덕(성) morals, 윤리성

beliefs or ideas about what is right and wrong

단어 리스트

01	insomnia	잠을 잘 수 없음, 불면증	11	jewelry	보석류, 장신구
02	instruct	지시하다, 가르치다, 알려주다	12	journal	(일간)신문, 일기, (전문 기관의)정기간행물
03	interact	상호작용을 하다, 소통하다	13	kindergarten	유치원, 유아원
04	interest	관심을 보이다, 관심, 이자	14	knit	뜨개질하다, 짜다
05	interfere	참견하다, 방해하다	15	landing	착륙, 상륙
06	interpret	통역하다, 설명하다	16	landscape	조경 공사를 하다, 풍경, 경관
07	intersection	교차로, 교차 지점	17	launch	(로켓)을 쏘아 올리다, (사업 등을)시작하다
08	intolerable	참을 수 없는, 지나친	18	leak	(가스, 물 등이)새다, 누설되다, 누출
09	irritate	짜증나게 하다, (피부 등을)자극하다	19	lean	기대다, (몸을)숙이다, 경사
10	isolated	고립된, 격리된	20	leap	껑충 뛰다, 도약하다, 도약

21	likelihood	(어떤 일이 있을)가능성, 기회	31	mature	성숙한, 익은
22	majority	대다수, 다수파	32	maximum	최대, 최고의
23	malnutrition	영양 부족, 영양실조	33	mediate	화해시키다, 중재하다, 중개의
24	manifest	분명하게 하다, 명백한, 승객 명단	34	meek	온순한, 유순한
25	manual	손으로 하는, 안내서, 설명서	35	minimum	최소, 최소의
26	marvel	기이하게 느끼다, 경탄하다, 경이	36	miserable	비참한, 슬픈, 침울한
27	massive	엄청나게 큰, 부피가 큰	37	modify	수정하다, 개조하다, 수식하다
28	masterpiece	걸작, 명작	38	monotonous	지루한, 반복하는, 단조로운
29	master's degree	석사학위	39	moody	변덕스러운, 우울한
30	mathematics	수학	40	morality	도덕(성), 윤리성

Review Test 1

A-1 영어 뜻풀이와 연관된 단어를 |보기|에서 골라 빈칸에 쓰시오.

문제 [1~7]

| 보기 |

journal (일간 신문) interfere (참견하다) irritate (짜증나게 하다) insomnia (불면증)
leap (껑충 뛰다) maximum (최대) miserable (비참한)

1. difficulty in getting to sleep _ _ _ _ _ _ _ _

2. to take part in the affairs of others _ _ _ _ _ _ _ _ _

3. a newspaper or magazine _ _ _ _ _ _ _

4. very unhappy _ _ _ _ _ _ _ _ _

5. to spring into the air _ _ _ _

6. to make someone angry _ _ _ _ _ _ _ _

7. the highest degree recorded _ _ _ _ _ _ _

문제 [8~13]

| 보기 |

landscape (조경 공사를 하다) knit (뜨개질하다) jewelry (보석류)
moody (변덕스러운) monotonous (지루한) intersection (교차로)

8. to make a garden look attractive _ _ _ _ _ _ _ _ _

9. to make clothing out of wool, using long needles _ _ _ _

10. small things that you wear for decoration _ _ _ _ _ _ _

11. having moods that change quickly and often _ _ _ _ _

12. the place where two or more roads meet _ _ _ _ _ _ _ _ _ _ _ _

13. not interesting because of having to do the same thing over and over

_ _ _ _ _ _ _ _ _ _

A-2 A-1의 각 단어 뜻을 표현한 만화를 찾아 **해당 번호**를 쓰시오.

Review Test 2

B-1 빈칸에 알맞은 단어를 |보기|에서 고르시오.

문제 [1 ~ 11]

|보기|

a. massive	b. meek	c. intolerable	d. mediate
e. leaning	f. manual	g. interpreted	h. instructed
i. malnutrition	j. mature	k. interested	

1. He is used to __________ work.
그는 손으로 하는 일에 익숙하다.

2. She is __________ against him as if for support.
그녀는 몸을 지탱하듯 그에게 기대고 있다.

3. Compared to the other paper planes, the middle one is __________.
다른 종이비행기들과 비교해볼 때, 가운데 것은 엄청나게 크다.

4. Believe it or not, he's got __________ now.
믿거나 말거나, 그가 지금 영양실조에 걸렸다.

5. The pig is as __________ as a lamb.
돼지가 양처럼 온순하다.

6. The tall boy is very __________ for his age.
키 큰 소년은 나이에 비해 매우 성숙하다.

7. They kindly__________ for the American tourist.
그들은 친절하게도 미국 관광객에게 통역을 해주었다.

8. The fat boy is trying to __________ between the two boys.
뚱뚱한 소년은 두 소년들을 화해시키려 하고 있다.

9. He screamed with the __________ pain of his crushed foot.
그는 눌린 발의 참을 수 없는 고통으로 비명을 질렀다.

10. The calf was __________ by the boy to do as he did.
송아지는 소년이 하라는 대로 하도록 지시받았다.

11. They only seem to be __________ in the girl.
그들은 오로지 소녀에게만 관심이 있는 것 같다.

B-2 B-1의 각 빈칸에 알맞은 **단어**를 **가로줄 박스**에 써 넣으시오.

1 ☐ ☐ ☐ ☐ ☐ ☐

2 ☐ ☐ ☐ ☐ ☐ ☐ ☐

3 ☐ ☐ ☐ ☐ ☐ ☐ ☐

4 ☐ ☐ ☐ ☐ ☐ ☐ ☐ ☐ ☐ ☐ ☐ ☐

5 ☐ ☐ ☐ ☐

6 ☐ ☐ ☐ ☐ ☐ ☐

7 ☐ ☐ ☐ ☐ ☐ ☐ ☐ ☐ ☐ ☐ ☐

8 ☐ ☐ ☐ ☐ ☐ ☐ ☐

9 ☐ ☐ ☐ ☐ ☐ ☐ ☐ ☐ ☐ ☐ ☐

10 ☐ ☐ ☐ ☐ ☐ ☐ ☐ ☐ ☐ ☐

11 ☐ ☐ ☐ ☐ ☐ ☐ ☐ ☐ ☐ ☐

B-3 위 세로줄 ☐ 안에 숨겨진 단어를 빈칸에 써 보고, 우리말 뜻을 고르시오.

____

① 걸작 ② 최대 ③ 도덕(성) ④ 교차로

Review Test ❶

A-1

1 insomnia
2 interfere
3 journal
4 miserable
5 leap
6 irritate
7 maximum
8 landscape
9 knit
10 jewelry
11 moody
12 intersection
13 monotonous

A-2

Review Test ❷

B-1

1 f 2 e 3 a 4 i
5 b 6 j 7 g 8 d
9 c 10 h 11 k

B-2

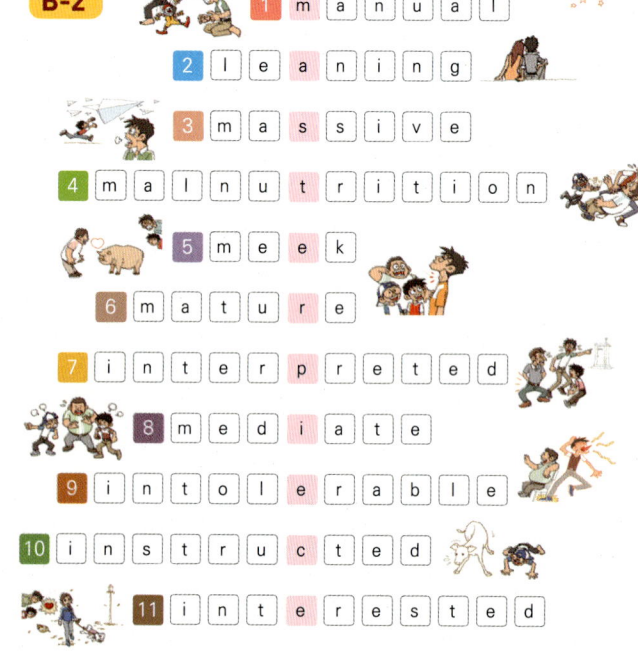

1 manual
2 leaning
3 massive
4 malnutrition
5 meek
6 mature
7 interpreted
8 mediate
9 intolerable
10 instructed
11 interested

B-3

masterpiece, ①

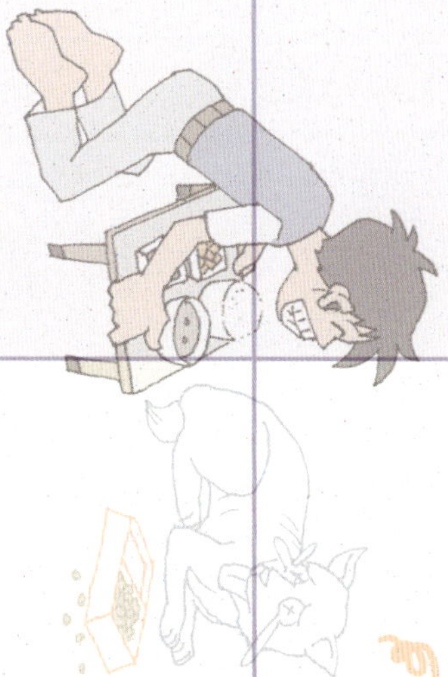

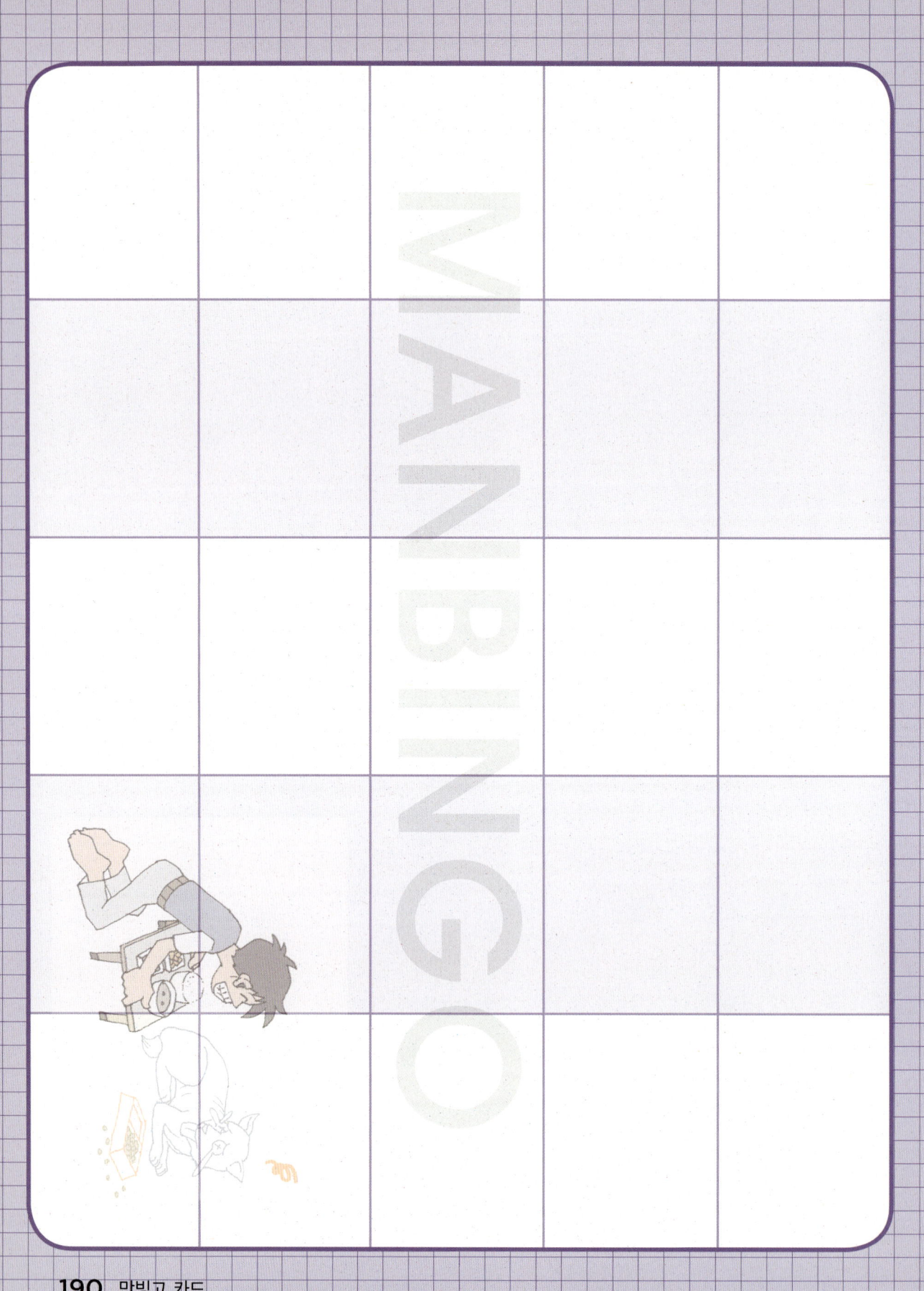

Unit 11

motivate
multiply
mumble
naked
narration
native
nature
navigator
negative
neglect
negotiation
neutral
notify
nourish
nuclear
nutrient
oblige
obviously
old-fashioned
opponent
outstanding
parallel
paralyze
participate
passion
patience
pessimism
philosophy
physical
pledge
plumber
policy
political
popular
positive
potential
priority
production
qualification
quest

Unit 11

01
mo·ti·vate **motivate** [móutəveit]
유도하다 actuate, 동기를 유발하다 encourage

to cause to move or act by giving incentive

02
mul·ti·ply **multiply** [mʌ́ltəplai]
늘다 increase, 증가시키다 augment, 곱하다

to grow in number, degree, or amount

03
mum·ble **mumble** [mʌ́mbəl]
중얼거리다 mutter, 중얼거림 murmur

to say something in an unclear way

04
na·ked **naked** [néikid]
벌거벗은 bare, 나체의 nude, 적나라한 exposed

not wearing any clothes

05
nar·ra·tion **narration** [nærèiʃən]
이야기하기 storytelling, (시나 연극의)설명부분

the act of telling a story

06

na·tive **native** [néitiv]

원산지, 원주민 citizen, 태어난 born, 자연의 natural

the place of origin

07

na·ture **nature** [néitʃər]

천성 character, 성질 disposition, 자연

basic character and qualities of a person or thing

08

nav·i·ga·tor **navigator** [nǽvəgeitər]

(배·항공기 등의)조종사 aviator, 자동 조종 장치

a person who charts, sets, and steers the course of a ship or aircraft

09

neg·a·tive **negative** [négətiv]

거절 denial, 부정적인 unfavorable,
비관적인 pessimistic

a statement, action, or gesture showing that one refuses

10

ne·glect **neglect** [niglékt]

게을리 하다 evade, 무시하다 ignore,
태만 disregard

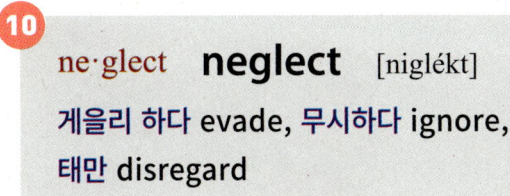

to fail to do or perform

Unit 11

11 ne·go·ti·a·tion **negotiation** [nigouʃiéiʃən]

협의 discussion, 절충 compromise, 협상

a discussion intended to produce an agreement

12 neu·tral **neutral** [njú:trəl]

중립의, 공정한 fair-minded, 공평한 evenhanded

not taking any side in an argument or contest

13 no·ti·fy **notify** [nóutəfai]

알리다 inform, 통지(통보)하다 notice

to tell about something

14 nour·ish **nourish** [nə́:riʃ]

(동, 식물을)키우다 breed, 영양분을 공급하다 feed

to keep an animal or plants

15 nu·cle·ar **nuclear** [njú:kliər]

핵무기의, 원자력의 atomic

relating to weapons that use nuclear energy

16 nu·tri·ent **nutrient** [njú:triənt]

영양제 nutritional supplements,
영양소 nutriment, 영양이 되는

something that helps people, animals, and plants grow

17 o·blige **oblige** [əbláidʒ]

호의를 보이다, 의무적으로 ~하게 하다 obligate

to do a kind act or service

18 ob·vi·ous·ly **obviously** [ɑ́bviəsli]

분명히 clearly, 확실히 surely

used to mean that a fact can easily be noticed

19 old·fash·ioned **old-fashioned** [ouldfǽʃənd]

구식의 dated, 유행에 뒤진 outdated,
촌스러운 old-time

looking or being like past styles

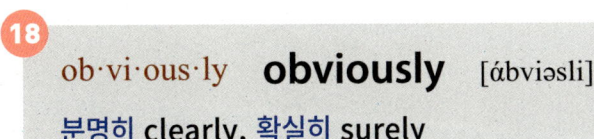

20 op·po·nent **opponent** [əpóunənt]

(게임·대회 등의)상대 adversary, 적 antagonist

one who fights, plays, or takes a position against another

Unit 11

21

out·stand·ing **outstanding** [autstǽndiŋ]

현저한 eminent, 눈에 띄는 distinguished, 뛰어난

marked by distinction

22

par·al·lel **parallel** [pǽrəlel]

~에 평행하다, 평행선, 나란한, 평행하게 alongside

to be same distance apart along whole length

23

par·a·lyze **paralyze** [pǽrəlaiz]

마비시키다 palsy, 무력하게 하다 disable

to take away the ability to move parts of the body

24

par·tic·i·pate **participate** [pɑːrtísəpeit]

참여하다 join, 관계하다 engage

to take part in an activity or event

25

pas·sion **passion** [pǽʃən]

열정 zeal, 열망 enthusiasm, 흥분 excitement

a very strong feeling about something

26

pa·tience **patience** [péiʃəns]

인내심 endurance, 끈기 stamina

the ability to continue doing something

27

pes·si·mism **pessimism** [pésəmizəm]

비관적인 생각(기분) hopelessness, 비관주의 사상, 염세주의

an idea(feeling) that events will turn out badly

28

phi·los·o·phy **philosophy** [filάsəfi]

철학

the idea of the nature and meaning of existence, truth, etc.

29

phys·i·cal **physical** [fízikəl]

육체의 bodily, 물질의 material

related to someone's body

30

pledge **pledge** [pledʒ]

약속하다 promise, 맹세 vow, 서약 oath

to promise seriously

Unit 11

31 plumb·er **plumber** [plʌ́mər]

배관공

a person who fits and works on water pipes in buildings

32 pol·i·cy **policy** [pɑ́ləsi]

방침 guideline, 정책 rule, 경영법 management

a set of rules or a plan for action

33 po·lit·i·cal **political** [pəlítikəl]

정치적인, 정당의 governmental

having to do with the practice of politics

34 pop·u·lar **popular** [pɑ́pjələr]

인기 있는 hot, 대중적인 public, 유명한 famous

liked or enjoyed by many people

35 pos·i·tive **positive** [pɑ́zətiv]

확신하고 있는 confident, 긍정적인 affirmative, 적극적인

confident in opinion or assertion

36 po·ten·tial **potential** [pouténʃəl]

잠재력 capability, 가능성 있는 possible

a certain skill that may be developed

37 pri·or·i·ty **priority** [praiɔ́(:)rəti]

우선순위 precedence, 우선권 preference

the right to precede others in order, rank, etc.

38 pro·duc·tion **production** [prədʌ́kʃən]

작품 제작물, 생산 manufacture, 산출 yield

a work of literature or art

39 qual·i·fi·ca·tion **qualification** [kwɑləfəkéiʃən]

자질 talent, 능력 ability, 자격 competence

something that makes a person fit for an activity or job

40 quest **quest** [kwest]

탐색하다 search, 탐구하다 seek, 탐색, 탐구

to search for something

단어 리스트

01	**motivate**	유도하다, 동기를 유발하다	11	**negotiation**	협의, 절충, 협상
02	**multiply**	늘다, 증가시키다, 곱하다	12	**neutral**	중립의, 공정한, 공평한
03	**mumble**	중얼거리다, 중얼거림	13	**notify**	알리다, 통지(통보)하다
04	**naked**	벌거벗은, 나체의, 적나라한	14	**nourish**	(동, 식물을)키우다, 영양분을 공급하다
05	**narration**	이야기하기, (시나 연극의) 설명부분	15	**nuclear**	핵무기의, 원자력의
06	**native**	원산지, 원주민, 태어난, 자연의	16	**nutrient**	영양제, 영양소, 영양이 되는
07	**nature**	천성, 성질, 자연	17	**oblige**	호의를 보이다, 의무적으로 ~하게 하다
08	**navigator**	(배 · 항공기 등의)조종사, 자동 조종 장치	18	**obviously**	분명히, 확실히
09	**negative**	거절, 부정적인, 비관적인	19	**old-fashioned**	구식의, 유행에 뒤진, 촌스러운
10	**neglect**	게을리 하다, 무시하다, 태만	20	**opponent**	(게임 · 대회 등의)상대, 적

21	outstanding	현저한, 눈에 띄는, 뛰어난	31	plumber	배관공
22	parallel	~에 평행하다, 평행선, 나란한, 평행하게	32	policy	방침, 정책, 경영법
23	paralyze	마비시키다, 무력하게 하다	33	political	정치적인, 정당의
24	participate	참여하다, 관계하다	34	popular	인기 있는, 대중적인, 유명한
25	passion	열정, 열망, 흥분	35	positive	확신하고 있는, 긍정적인, 적극적인
26	patience	인내심, 끈기	36	potential	잠재력, 가능성 있는
27	pessimism	비관적인 생각(기분), 비관주의 사상, 염세주의	37	priority	우선순위, 우선권
28	philosophy	철학	38	production	작품 제작물, 생산, 산출
29	physical	육체의, 물질의	39	qualification	자질, 능력, 자격
30	pledge	약속하다, 맹세, 서약	40	quest	탐색하다, 탐구하다, 탐색, 탐구

Review Test 1

A-1 우리말 뜻에 맞는 영어 단어를 |보기|에서 고르시오.

가로줄 문제 [1 ~ 6]

보기

a. nuclear	b. opponent	c. nutrient
d. notify	e. policy	f. oblige

1 알리다, 통지(통보)하다 ________________

2 핵무기의, 원자력의 ________________

3 호의를 보이다, 의무적으로 ~하게 하다 ________________

4 방침, 정책, 경영법 ________________

5 (게임·대회 등의)상대, 적 ________________

6 영양제, 영양소, 영양이 되는 ________________

가로줄 문제 [7 ~ 11]

보기

a. naked　b. quest　c. nourish　d. native　e. navigator

7 (배·항공기 등의)조종사, 자동 조종 장치 ________________

8 원산지, 원주민, 태어난, 자연의 ________________

9 탐색하다, 탐구하다, 탐색, 탐구 ________________

10 벌거벗은, 나체의, 적나라한 ________________

11 (동, 식물을)키우다, 영양분을 공급하다 ________________

세로줄 문제 [1 ~ 5]

보기

a. qualification　b. neutral　c. plumber　d. paralyze　e. priority

1 배관공 ________________

2 중립의, 공정한, 공평한 ________________

3 자질, 능력, 자격 ________________

4 마비시키다, 무력하게 하다 ________________

5 우선순위, 우선권 ________________

A-2 A-1의 우리말 뜻에 맞는 영어단어를 찾아 묶으시오.

11

3

3

1

1

2

2

4

a	p	i	u	r	q	e	a	v	e	s
s	l	d	n	o	u	r	i	s	h	k
n	u	c	l	e	a	r	e	t	v	w
e	m	v	o	b	l	i	g	e	p	s
u	b	n	o	t	i	f	y	d	r	p
t	e	h	g	s	f	h	i	a	i	a
r	r	n	a	v	i	g	a	t	o	r
a	p	o	l	i	c	y	c	b	r	a
l	q	a	e	n	a	k	e	d	i	l
y	q	u	e	s	t	t	z	a	t	y
t	n	u	t	r	i	e	n	t	y	z
w	o	o	p	p	o	n	e	n	t	e
s	p	i	u	y	n	a	t	i	v	e

4

7

10

5

9

6

5

8

Review Test 2

B-1 밑줄로 제시된 단어의 유의어를 |보기|에서 찾아 쓰시오.

문제 [1~6]

|보기|

discussion (협의)	unfavorable (부정적인)	endurance (인내심)
mutter (중얼거리다)	character (천성)	join (참여하다)

1. He participated in the seal show. _ _ _ _
2. The monk mumbled to himself and disappeared. _ _ _ _ _ _
3. The issue is still under negotiation between them. _ _ _ _ _ _ _ _ _ _
4. His patience finally gave out. _ _ _ _ _ _ _ _ _
5. There was a darker side to his nature. _ _ _ _ _ _ _ _ _
6. He had a negative attitude toward her. _ _ _ _ _ _ _ _ _ _ _

문제 [7~12]

|보기|

hot (인기 있는)	alongside (평행하게)	hopelessness (비관적인 생각)
disregard (태만)	capability (잠재력)	promise (약속하다)

7. They are walking parallel to each other. _ _ _ _ _ _ _ _ _
8. The boy's friends blamed him for neglect of duties. _ _ _ _ _ _ _ _ _
9. The teddy bear has been popular for a long time. _ _ _
10. The boy wearing the red gloves showed great potential. _ _ _ _ _ _ _ _ _ _
11. He pledged to cut down on his food to lose weight. _ _ _ _ _ _ _
12. His pessimism made him give up exercise. _ _ _ _ _ _ _ _ _ _ _ _

B-2 B-1의 영어문장을 표현한 만화를 찾아 **해당 번호**를 쓰시오.

정답 Review Test

Review Test ❶

A-1

가로줄 문제

1 d 2 a 3 f 4 e 5 b 6 c

7 e 8 d 9 b 10 a 11 c

세로줄 문제

1 c 2 b 3 a 4 d 5 e

A-2

a	1 p	i	u	r	3 q	e	a	v	e	s
s	l	d	11 n	o	u	r	i	s	h	k
2 n (2)	u	c	l	e	a	r	e	t	v	w
e	m	v	3 o	b	l	i	g	e	5 p	s
u	b	1 n	o	t	i	f	y	d	r	4 p
t	e	h	g	s	f	h	i	a	i	a
r	r	7 n	a	v	i	g	a	t	o	r
a	4 p	o	l	i	c	y	c	b	r	a
l	q	a	e	10 n	a	k	e	d	i	l
y	9 q	u	e	s	t	t	z	a	t	y
t	6 n	u	t	r	i	e	n	t	y	z
w	o	5 o	p	p	o	n	e	n	t	e
s	p	i	u	y	8 n	a	t	i	v	e

Review Test ❷

B-1

1 join 2 mutter

3 discussion 4 endurance

5 character 6 unfavorable

7 alongside 8 disregard

9 hot 10 capability

11 promise 12 hopelessness

[문제 해석]

1 그는 물개 쇼에 참여했다.
2 스님이 혼자 중얼거리듯 말씀하시더니 사라지셨다.
3 그 쟁점은 둘 사이에서 여전히 협의 중이다.
4 마침내 그의 인내심이 바닥났다.
5 그는 천성이 사악한 면이 있었다.
6 그는 그녀에게 부정적인 태도를 취했다.
7 그들은 서로 평행하게 걷고 있다.
8 소년이 의무를 태만히 한 탓으로 소년의 친구들은 그를 비난했다.
9 곰 인형은 오랜 시간 동안 인기 있어왔다.
10 빨간색 글로브를 끼고 있는 소년은 대단한 잠재력을 보여주었다.
11 그는 살을 빼기 위해 식사량을 줄이겠다고 약속했다.
12 그의 비관적인 생각이 그가 운동을 포기하게 만들었다.

B-2

Unit 12

reckless
reconcile
recruit
register
rejoice
relative
reluctant
replacement
resemble
require
respond
restore
retire
rid
revise
scatter
scold
sculpture
seeming
separate
shrink
signature
significance
soar
solitary
specialize
sprout
stable
stationary
stationery
still
stimulate
stir
stock
strengthen
stripe
subscription
substitute
sufficient
superstition

Unit 12

01
reck·less **reckless** [réklis]
분별없는 indiscreet, 개의치 않는 careless,
난폭한 rash

not worrying about the results of some action

02
rec·on·cile **reconcile** [rékənsail]
조정하다 coordinate, 화해시키다 reunite,
중재하다 mediate

to bring into agreement or harmony

03
re·cruit **recruit** [rikrú:t]
(회원, 사원, 신병)을 모집하다 gather, 신입사원모집,
신병

to find new people to join an organization

04
reg·is·ter **register** [rédʒəstər]
(공식명부에)등록하다 enroll, 기록하다 record, 명부

to put a person's name on an official list

05
re·joice **rejoice** [ridʒɔ́is]
반색하다, 기뻐하다 delight

to be full of joy or show great pleasure

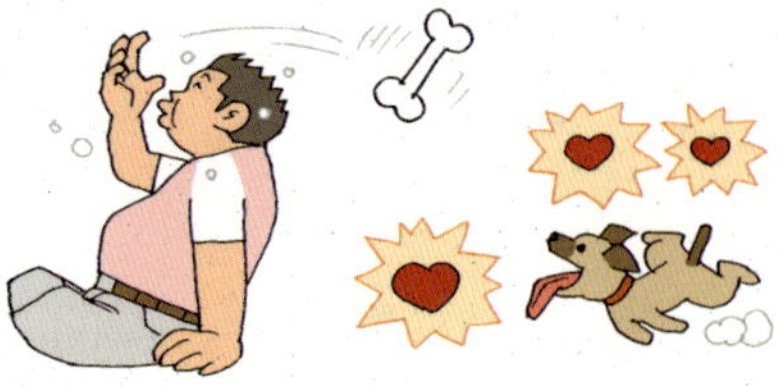

06 rel·a·tive **relative** [rélətiv]

친척, 상대적인 comparative

a person who belongs to the same family as someone else

07 re·luc·tant **reluctant** [rilʌ́ktənt]

마음에 내키지 않는 unwilling, 꺼리는 hesitant

not willing to do something

08 re·place·ment **replacement** [ripléismənt]

대체물(자) substitute, 대체, 복직

a thing(person) that takes over the function of another

09 re·sem·ble **resemble** [rizémbəl]

유사하다, 닮다 take after

to be similar to or to look like

10 re·quire **require** [rikwáiər]

요구하다 demand, 명하다 order, 필요로 하다 need

to demand or order

Unit 12

11

re·spond **respond** [rispɑ́nd]

반응을 보이다 react, 대답하다 answer

to show a reaction to something

12

re·store **restore** [ristɔ́:r]

반환(반송)하다 return, 복구하다 recover, 회복시키다

to give back to someone something that was taken from them

13

re·tire **retire** [ritáiər]

퇴각하다 retreat, 은퇴하다 resign, 자러가다 rest

to move away from danger or a challenge

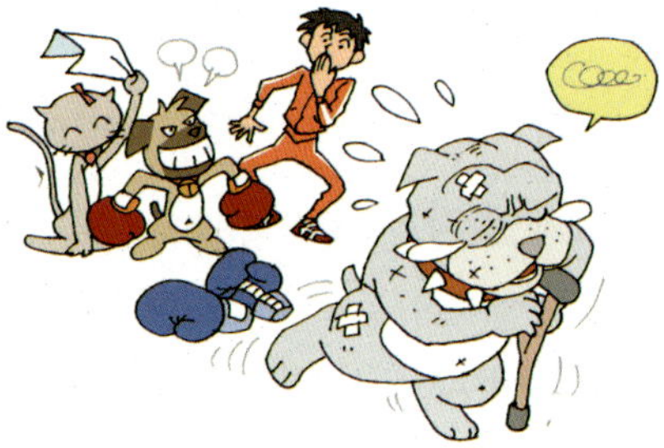

14

rid **rid** [rid]

없애다 clear, 자유롭게 하다 free

to clear or free from something that is not wanted

15

re·vise **revise** [riváiz]

교정하다 correct, 변경하다 update

to change something because of new ideas

16 scat·ter **scatter** [skǽtər]

흩어지다 disperse, 분산시키다 spread, 뿌리다 spray

to suddenly move in different directions

17 scold **scold** [skould]

꾸짖다 rebuke, 질책하다 blame

to angrily tell someone who has done something wrong

18 sculp·ture **sculpture** [skʌ́lptʃər]

조형물 statue, 조각하다 carve

the art of making statues by carving

19 seem·ing **seeming** [si:miŋ]

겉보기의 apparent, 외견상의

appearing to be true but may not be

20 sep·a·rate **separate** [sépəreit]

잘라서 떼어놓다 part, 갈라지다 split, 분리된 divided

to set apart or keep apart

Unit 12

21

shrink **shrink** [ʃriŋk]

위축되다, 수축하다 recede, 주춤하다 recoil

to move back and away from someone because of fear

22

sig·na·ture **signature** [sígnətʃər]

서명 autograph, 특징

a person's written name, used to sign documents

23

sig·nif·i·cance **significance** [signífikəns]

의미 meaning, 의의 implication,
중요성 importance

the meaning of a word, sign, action, etc.

24

soar **soar** [sɔːr]

(허공으로)솟구치다, 급등하다 skyrocket

to rise dramatically

25

sol·i·tar·y **solitary** [sάliteri]

혼자의 alone, 쓸쓸한 lone

being without others

26

spe·cial·ize **specialize** [spéʃəlaiz]

전문으로 하다, 전공하다 major

to concentrate one's efforts in a special field

27

sprout **sprout** [spraut]

싹이 트다 germinate, 새싹 bud

to start to grow

28

sta·ble **stable** [stéibl]

변동이 없는 steady, 안정적인 firm, 마굿간 barn

not shaky or easily moved

29

sta·tion·ar·y **stationary** [stéiʃəneri]

움직이지 않는 사람(것), 정지된 motionless

a person or thing that is not moving

30

sta·tion·er·y **stationery** [stéiʃəneri]

문구류, 문방구

materials for writing, such as paper, pencils, etc.

Unit 12

31 still **still** [stil]

정적 silence, 조용한 silent, 훨씬, 그러나

stillness or silence

32 stim·u·late **stimulate** [stímjəleit]

활발하게 하다 excite, 격려하다 encourage

to urge to action by making someone excited about something

33 stir **stir** [stəːr]

움직이다 move, 휘젓다 mix, 자극하다 spur

to make a movement

34 stock **stock** [stɑk]

비축하다 save, (가게에 물품을)놓다,
재고품 inventory

to keep or collect something for future use

35 strength·en **strengthen** [stréŋkθən]

더 튼튼하게 하다 harden, 강화하다(되다) intensify

to make someone or something stronger

36 stripe **stripe** [straip]

줄무늬로 하다, 줄무늬 pinstripe, 계급

to mark with a narrow band

37 sub·scrip·tion **subscription** [səbskrípʃən]

기부금 donation, 기부, 구독료, 구독, 가입

an amount of money in order to help an organization

38 sub·sti·tute **substitute** [sʌ́bstitju:t]

대신하다, 대리하다, 대용물, 대리인 replacement

to put a thing in the place of another

39 suf·fi·cient **sufficient** [səfíʃənt]

충분한 ample, 만족스러운 satisfactory

as much as needed

40 su·per·sti·tion **superstition** [su:pərstíʃən]

미신, 미신적 관습

a belief that is not based on fact

단어 리스트

01	**reckless**	분별없는, 개의치 않는, 난폭한	11	**respond**	반응을 보이다, 대답하다
02	**reconcile**	조정하다, 화해시키다, 중재하다	12	**restore**	반환(반송)하다, 복구하다, 회복시키다
03	**recruit**	(회원, 사원, 신병)을 모집하다, 신입사원모집, 신병	13	**retire**	퇴각하다, 은퇴하다, 자러가다
04	**register**	(공식명부에)등록하다, 기록하다, 명부	14	**rid**	없애다, 자유롭게 하다
05	**rejoice**	반색하다, 기뻐하다	15	**revise**	교정하다, 변경하다
06	**relative**	친척, 상대적인	16	**scatter**	흩어지다, 분산시키다, 뿌리다
07	**reluctant**	마음에 내키지 않는, 꺼리는	17	**scold**	꾸짖다, 질책하다
08	**replacement**	대체물(자), 대체, 복직	18	**sculpture**	조형물, 조각하다
09	**resemble**	유사하다, 닮다	19	**seeming**	겉보기의, 외견상의
10	**require**	요구하다, 명하다, 필요로 하다	20	**separate**	잘라서 떼어놓다, 갈라지다, 분리된

21	shrink	위축되다, 수축하다, 주춤하다	31	still	정적, 조용한, 훨씬, 그러나
22	signature	서명, 특징	32	stimulate	활발하게 하다, 격려하다
23	significance	의미, 의의, 중요성	33	stir	움직이다, 휘젓다, 자극하다
24	soar	(허공으로)솟구치다, 급등하다	34	stock	(가게에 물품을) 비축하다, 놓다, 재고품
25	solitary	혼자의, 쓸쓸한	35	strengthen	더 튼튼하게 하다, 강화하다(되다)
26	specialize	전문으로 하다, 전공하다	36	stripe	줄무늬로 하다, 줄무늬, 계급
27	sprout	싹이 트다, 새싹	37	subscription	기부금, 기부, 구독료, 구독, 가입
28	stable	변동이 없는, 안정적인, 마굿간	38	substitute	대신하다, 대리하다, 대용물, 대리인
29	stationary	움직이지 않는 사람(것), 정지된	39	sufficient	충분한, 만족스러운
30	stationery	문구류, 문방구	40	superstition	미신, 미신적 관습

Review Test 1

A-1 각각의 캐릭터대로 사다리를 타고 내려가 보시오.

① 화해시키다
② 기뻐하다
③ 닮다
④ 없애다

① 조형물
② 전공하다
③ 급등하다
④ 정적

① 줄무늬
② 활발하게 하다
③ 휘젓다
④ 분리된

① 친척
② 기록하다
③ 교정하다
④ 은퇴하다

A-2 사다리타기로 만난 우리말 뜻의 **영어단어**를 각각의 **캐릭터 칸**에서 찾아 묶으시오.

b	d	s	r	e	s	e	m	b	l	e	c	o	s	l
s	e	p	r	e	c	o	n	c	i	l	e	e	u	k
u	s	e	e	r	i	d	r	e	j	o	i	c	e	b
b	c	c												
s	u	i												
t	l	a												
i	p	l	s	t	i	m	u	l	a	t	e	s	d	t
l	t	i	e	s	a	g	s	e	p	a	r	a	t	e
l	u	z	n	s	t	r	i	p	e	s	t	i	r	z
t	r	e												
i	e	u												
o	j	s												
n	h	o	s	t	u	n	r	e	l	a	t	i	v	e
f	g	a	r	e	g	i	s	t	e	r	j	u	o	c
n	a	r	r	e	t	i	r	e	r	e	v	i	s	e

A-3 캐릭터가 만난 단어에 숨은 그림을 보고, 연관되는 것끼리 줄로 이으시오.

1  • · superstition · · 새싹

2  • · stationery · · 미신

3  • · sprout · · 기부금

4  • · subscription · · 문구류

Review Test 2

B 우리말 뜻에 맞는 영어문장으로 빈칸에 알맞은 것을 고르시오.

1.

He seems ________ to talk with his friends.

그는 그의 친구들과 이야기 하는 것이 마음에 내키지 않는 것 같다.

① relative ② respond
③ resemble ④ reluctant

2.

The toy has been ________ to its original owner.

그 장난감이 원래 주인에게 반환되었다.

① reconciled ② restored
③ rejoiced ④ retired

3.

The flower that he planted has started to ________.

그가 심었던 화초에 싹이 트기 시작했다.

① sprout ② scold
③ shrink ④ soar

4.

This dog is known for ________ behavior.

이 개는 분별없는 행동을 하는 것으로 유명하다.

① stationary ② stimulate
③ reckless ④ replacement

Review Test 3

C 만화 상황과 연관된 영어 뜻풀이를 고르시오.

1.

① stillness or silence
② not shaky or easily moved
③ as much as needed
④ a person or thing that is not moving

2.

① being without others
② appearing to be true but may not be
③ not willing to do something
④ not worrying about the results of some action

3.

① to move away from danger or a challenge
② to set apart or keep apart
③ to concentrate one's efforts in a special field
④ to angrily tell someone who has done something wrong

4.

① to mark with a narrow band
② to make someone or something stronger
③ to rise dramatically
④ to move back and away from someone because of fear

Review Test ❶

A-2

b	d	s	r	e	s	e	m	b	l	e	c	o	s	l
s	e	p	r	e	c	o	n	c	i	l	e	e	u	k
u	s	e	e	r	i	d	r	e	j	o	i	c	e	b
b	c	c												
s	u	i												
t	l	a												
i	p	l	s	t	i	m	u	l	a	t	e	s	d	t
l	t	i	e	s	a	g	s	e	p	a	r	a	t	e
l	u	z	n	s	t	r	i	p	e	s	t	i	r	z
t	r	e												
i	e	u												
o	j	s												
n	h	o	s	t	u	n	r	e	l	a	t	i	v	e
f	g	a	r	e	g	i	s	t	e	r	j	u	o	c
n	a	r	r	e	t	i	r	e	r	e	v	i	s	e

A-3

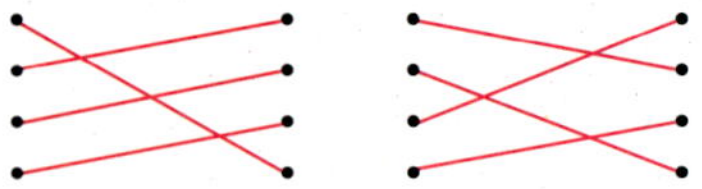

Review Test ❷

B 1. ④ 2. ② 3. ① 4. ③

Review Test ❸

C 1. ③ 2. ① 3. ④ 4. ④

MANBINGO

Unit 13

supplement
supreme
surpass
suspect
sustain
swift
sympathize
temperature
temporarily
territory
thermometer
threaten
thrift
throughout
thunderstorm
timber
tolerate
tragedy
transfer
transform
transparent
transport
triumph
tropical
trying
twinkle
urgent
utilize
utmost
vibrate
violate
vicious
visual
volunteer
warehouse
warrant
weary
weird
welfare
whisper

Unit 13

01

sup·ple·ment **supplement** [sʌ́pləmənt]

보충하다, 추가하다 add, 보충(추가)물 reinforce

to make up for a deficiency

02

su·preme **supreme** [səpríːm]

최고의 highest, 최상의 superlative,
가장 중요한 prime

having the highest rank or position

03

sur·pass **surpass** [sərpǽs]

능가하다 outdo, 뛰어나다 outperform

to be better than someone else in accomplishment

04

sus·pect **suspect** [səspékt]

의심하다 distrust, 용의자 culprit

to believe the guilt of without knowing all the facts

05

sus·tain **sustain** [səstéin]

떠받치다 uphold, 부양하다 support,
지탱하다 maintain

to hold up the weight of something from below

06 swift **swift** [swift]

날랜 fast, 신속한 quick, 순식간의 immediate

able to move very rapidly

07 sym·pa·thize **sympathize** [símpəθaiz]

공감하다 understand, 동정하다 pity,
위로하다 comfort

to deeply understand or share in another's emotions

08 tem·per·a·ture **temperature** [témpərətʃər]

기온, 온도, 체온, (몸의)고열 fever

the degree of heat or cold of an environment

09 tem·po·rar·il·y **temporarily** [témpərerili]

임시로 provisionally, 일시적으로

not permanently

10 ter·ri·to·ry **territory** [térətɔ:ri]

(동물의)세력권, 지역 area, 구역 district

scope of power

11

ther·mom·e·ter **thermometer** [θərmάmitər]

온도계

an instrument for measuring temperature

12

threat·en **threaten** [θrétn]

(나쁜 일이 있을)조짐을 보이다, 협박(위협)하다 bully

to be likely to harm or destroy something

13

thrift **thrift** [θrift]

검소 saving, 검약 economy

wise use saving of money or other resources

14

through·out **throughout** [θru:áut]

도처에 everywhere, 처음부터 끝까지 whole time

in every part

15

thun·der·storm **thunderstorm** [θʌ́ndərstɔ:rm]

폭풍우 rainstorm, 뇌우

a storm that includes a rainfall

16 tim·ber **timber** [tímbər]

목재 woods, 대들보

trees that are used as wood to build houses and buildings

17 tol·er·ate **tolerate** [tɔ́ləreit]

너그럽게 보아주다, 용납하다, 참다

to allow people to do something without punishing them

18 trag·e·dy **tragedy** [trǽdʒədi]

비극(적인 사건) disaster, 비극(작품)

a very sad event

19 trans·fer **transfer** [trænsfə́:r]

이동하다 move, 옮기다 convey, 운반 transport

to move from one place or situation to another

20 trans·form **transform** [trænsfɔ́:rm]

(형태, 모양 등을)바꾸다 alter, 변환하다 convert

to change the form or shape of something

Unit 13

21 trans·par·ent **transparent** [trænspέərənt]

투명한 clear, 명료한 obvious, 솔직한 honest

giving a clear view of objects on the other side

22 trans·port **transport** [trænspɔ́:rt]

수송하다 transfer, 운송 transportation

to take goods or people from one place to another in a vehicle

23 tri·umph **triumph** [tráiəmf]

승리를 거두다 win, 승리 victory, 성공 success

to win a great victory or success

24 trop·i·cal **tropical** [trάpikəl]

열대성의 tropic, 열대지방의

existing in the hottest parts of the world

25 try·ing **trying** [tráiiŋ]

참기 어려운, 괴로운, 화나는 irritating

hard to endure

26 twin·kle **twinkle** [twíŋkəl]

반짝이다 sparkle, 반짝임 glitter

to shine with a sparkling light

27 ur·gent **urgent** [ə́:rdʒənt]

긴급한 imperative, 절박한 pressing, 위급한 critical

needing immediate action

28 u·ti·lize **utilize** [jú:təlaiz]

활용하다 use, 이용하다 apply

to use something for a particular purpose

29 ut·most **utmost** [ʌ́tmoust]

최대한도 maximum, 최고의 supreme, 극도의 extreme

the most that can be done

30 vi·brate **vibrate** [váibreit]

감동하다, 진동하다 quiver, 흔들다 shake

to feel sudden intense emotion

Unit 13

31 vi·o·late **violate** [váiəleit]

어기다 break, 위반하다 disobey, 침해하다 invade

to break or fail to keep

32 vi·cious **vicious** [víʃəs]

심술궂은 malicious, 악의 있는 wicked, 버릇 나쁜

very unkind in a way that is intended to hurt someone's feelings

33 vis·u·al **visual** [víʒuəl]

눈에 보이는 ocular, 시각의, 시각 자료

having to do with sight or seeing

34 vol·un·teer **volunteer** [vɑləntíər]

자진하여 하다, 자원 봉사자, 자발적인

to offer to do something without expecting any reward

35 ware·house **warehouse** [wέərhaus]

저장소 depot, 창고, 도매상점

a large place where products or private goods are stored

36 war·rant **warrant** [wɔ́(:)rənt]

보증하다 guarantee, 보증 assurance

to promise that something is true

37 wea·ry **weary** [wíəri]

피로하다 tire, 피곤하게 만들다 exhaust, 지쳐 있는

to become very tired

38 weird **weird** [wiərd]

이상한 magical, 기묘한 curious,
불가사의한 mysterious

strange or odd

39 wel·fare **welfare** [wélfər]

복지 well-being, 안녕(행복)

a state of health, happiness, and good fortune

40 whis·per **whisper** [hwíspər]

귓속말을 하다 mumble, 은밀히 말하다,
속삭임 murmur

to speak in a soft, low tone

단어 리스트

01	**supplement**	보충하다, 추가하다, 보충(추가)물	11	**thermometer**	온도계
02	**supreme**	최고의, 최상의, 가장 중요한	12	**threaten**	(나쁜 일이 있을)조짐을 보이다, 협박(위협)하다
03	**surpass**	능가하다, 뛰어나다	13	**thrift**	검소, 검약
04	**suspect**	의심하다, 용의자	14	**throughout**	도처에, 처음부터 끝까지
05	**sustain**	떠받치다, 부양하다, 지탱하다	15	**thunderstorm**	폭풍우, 뇌우
06	**swift**	날랜, 신속한, 순식간의	16	**timber**	목재, 대들보
07	**sympathize**	공감하다, 동정하다, 위로하다	17	**tolerate**	너그럽게 보아주다, 용납하다, 참다
08	**temperature**	기온, 온도, 체온, (몸의)고열	18	**tragedy**	비극(적인 사건), 비극(작품)
09	**temporarily**	임시로, 일시적으로	19	**transfer**	이동하다, 옮기다, 운반
10	**territory**	(동물의)세력권, 지역, 구역	20	**transform**	(형태, 모양 등을)바꾸다, 변환하다

21	transparent	투명한, 명료한, 솔직한	31	violate	어기다, 위반하다, 침해하다
22	transport	수송하다, 운송	32	vicious	심술궂은, 악의 있는, 버릇 나쁜
23	triumph	승리를 거두다, 승리, 성공	33	visual	눈에 보이는, 시각의, 시각 자료
24	tropical	열대성의, 열대지방의	34	volunteer	자진하여 하다, 자원 봉사자, 자발적인
25	trying	참기 어려운, 괴로운, 화나는	35	warehouse	저장소, 창고, 도매상점
26	twinkle	반짝이다, 반짝임	36	warrant	보증하다, 보증
27	urgent	긴급한, 절박한, 위급한	37	weary	피로하다, 피곤하게 만들다, 지쳐 있는
28	utilize	활용하다, 이용하다	38	weird	이상한, 기묘한, 불가사의한
29	utmost	최대한도, 최고의, 극도의	39	welfare	복지, 안녕(행복)
30	vibrate	감동하다, 진동하다, 흔들다	40	whisper	귓속말을 하다, 은밀히 말하다, 속삭임

Review Test 1

A-1 영어 뜻풀이와 연관된 단어를 |보기|에서 골라 빈칸에 쓰시오.

문제 [1 ~ 7]

보기		
violate (어기다)	whisper (귓속말을 하다)	swift (신속한)
suspect (의심하다)	threaten (위협하다)	tropical (열대성의)
weird (이상한)		

1. to believe the guilt of without knowing all the facts _ _ _ _ _ _ _
2. able to move very rapidly _ _ _ _ _
3. to be likely to harm or destroy something _ _ _ _ _ _ _ _
4. strange or odd _ _ _ _ _
5. to break or fail to keep _ _ _ _ _ _ _
6. to speak in a soft, low tone _ _ _ _ _ _ _
7. existing in the hottest parts of the world _ _ _ _ _ _ _ _

문제 [8 ~ 13]

보기		
sympathize (공감하다)	timber (목재)	welfare (복지)
trying (참기 어려운)	sustain (떠받치다)	transfer (이동하다)

8. trees that are used as wood to build houses and buildings _ _ _ _ _ _
9. hard to endure _ _ _ _ _ _
10. to hold up the weight of something from below _ _ _ _ _ _ _
11. to move from one place or situation to another _ _ _ _ _ _ _ _
12. a state of health, happiness, and good fortune _ _ _ _ _ _ _
13. to deeply understand or share in another's emotions

_ _ _ _ _ _ _ _ _ _

A-2 A-1의 각 단어 뜻을 표현한 만화를 찾아 **해당 번호**를 쓰시오.

Review Test 2

B-1 영어 뜻풀이와 연관된 우리말 뜻을 |보기|에서 고르시오.

문제 [1~5]

보기		
a. 반짝이다	b. 능가하다	c. 보증하다
d. 검소	e. (형태, 모양 등을)바꾸다	

1. wise use and saving of money or other resources ______________

2. to promise that something is true ______________

3. to change the form or shape of something ______________

4. to shine with a sparkling light ______________

5. to be better than someone else in accomplishment ______________

문제 [6~11]

보기		
a. 활용하다	b. 피로하다	c. 최고의
d. 승리를 거두다	e. 자진하여 하다	f. 긴급한

6. having the highest rank or position ______________

7. to become very tired ______________

8. to win a great victory or success ______________

9. needing immediate action ______________

10. to offer to do something without expecting any reward ______________

11. to use something for a particular purpose ______________

B-2 B-1의 각 우리말 뜻에 맞는 **영어단어**를 **가로줄 박스**에 써 넣으시오.

1 ■ ☐ ☐ ☐ ☐ ☐

2 ☐ ☐ ■ ☐ ☐ ☐ ☐

3 ☐ ☐ ■ ☐ ☐ ☐ ☐ ☐ ☐

4 ☐ ☐ ☐ ■ ☐ ☐ ☐

5 ☐ ☐ ☐ ☐ ☐ ■ ☐

6 ☐ ☐ ■ ☐ ☐ ☐ ☐

7 ☐ ☐ ■ ☐ ☐

8 ☐ ■ ☐ ☐ ☐ ☐ ☐

9 ☐ ☐ ☐ ■ ☐ ☐

10 ☐ ☐ ☐ ☐ ■ ☐ ☐ ☐ ☐

11 ☐ ■ ☐ ☐ ☐ ☐ ☐

B-3 위 세로줄 ■ 안에 숨겨진 단어를 빈칸에 써 보고, 우리말 뜻을 고르시오.

____

① 투명한 ② 최고의 ③ 위급한 ④ 이상한

정답 Review Test

Review Test ❶

A-1

1 suspect
2 swift
3 threaten
4 weird
5 violate
6 whisper
7 tropical
8 timber
9 trying
10 sustain
11 transfer
12 welfare
13 sympathize

A-2

4	11	13	2	12
9		5		
6		3		
10		1		
8		7		

Review Test ❷

B-1

1 d 2 c 3 e 4 a 5 b
6 c 7 b 8 d 9 f 10 e
11 a

B-3

transparent, ①

B-2

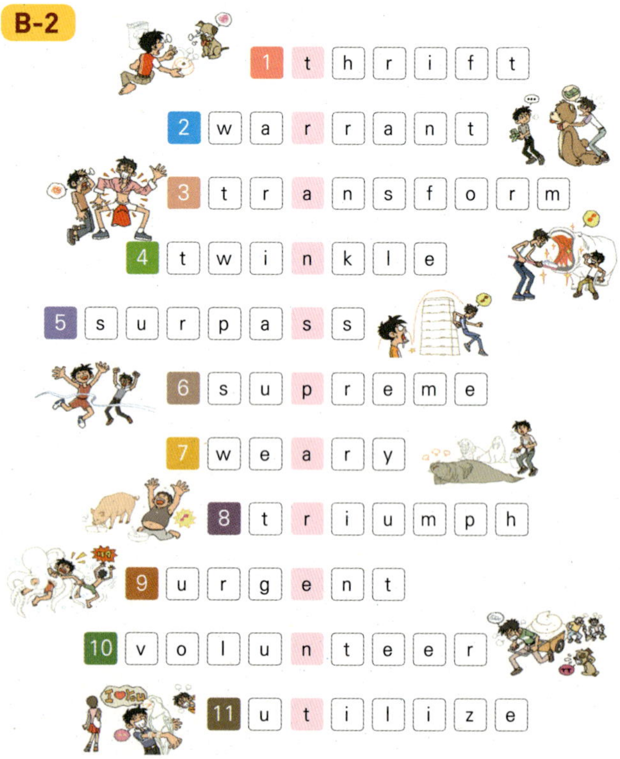

1 t h r i f t
2 w a r r a n t
3 t r a n s f o r m
4 t w i n k l e
5 s u r p a s s
6 s u p r e m e
7 w e a r y
8 t r i u m p h
9 u r g e n t
10 v o l u n t e e r
11 u t i l i z e

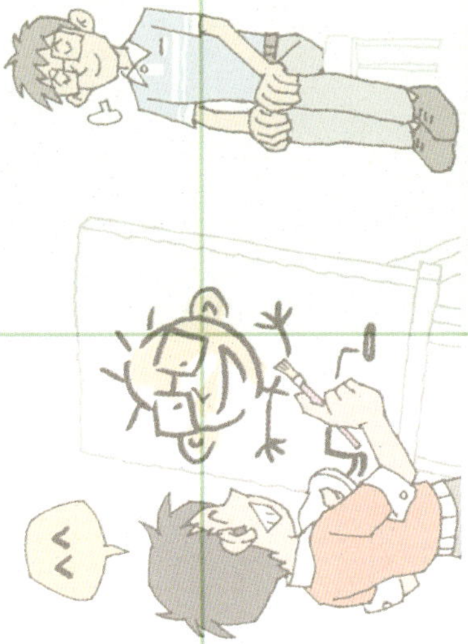

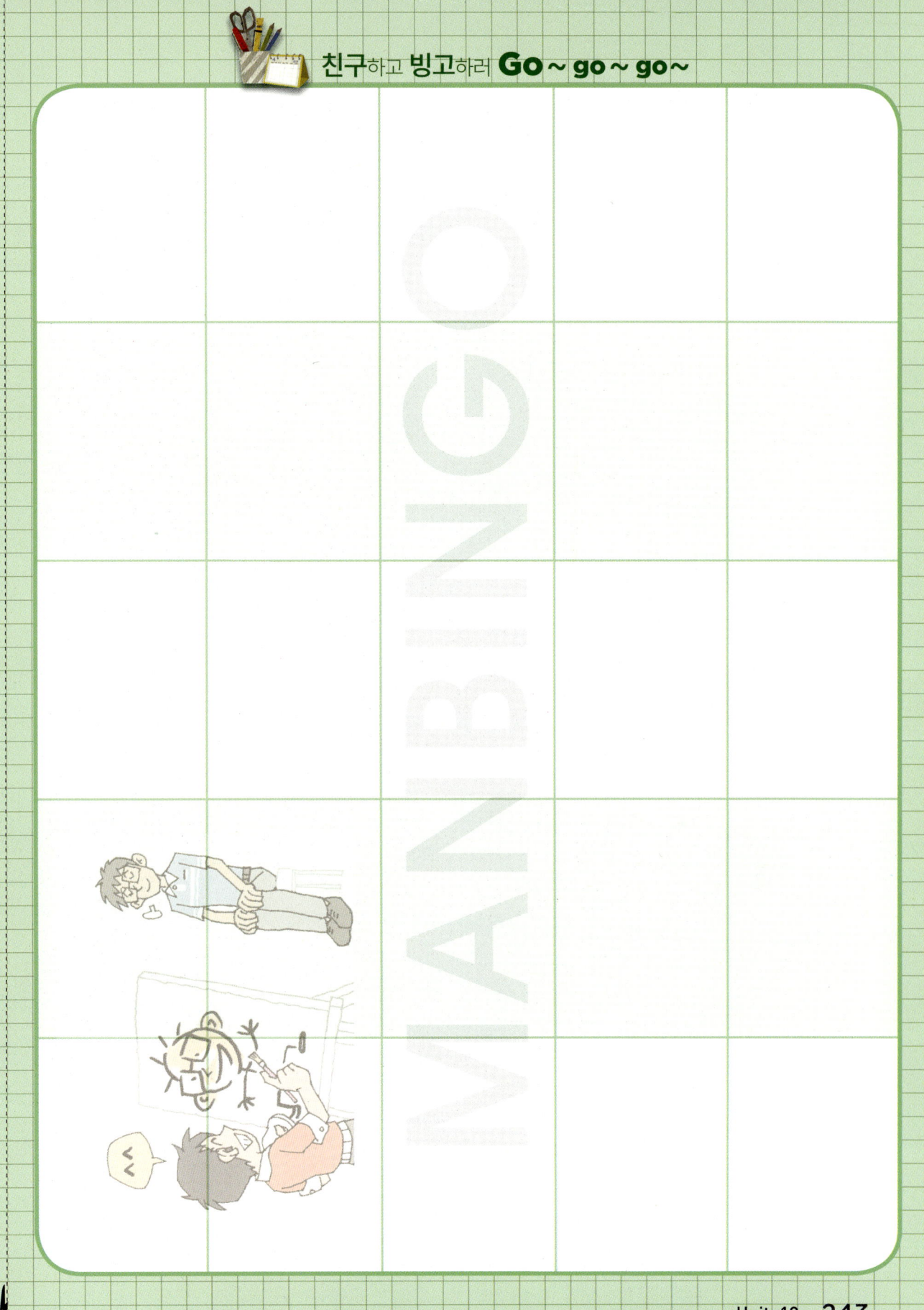

Unit 14

whistle
whiten
Aa
wholesale
wiggle
wince
windmill
withdraw
wither
withstand
witness
witty
wizard
workaholic
workforce
workmanship
worthwhile
wounded
wrangle
wrap
wreath
wreck
wretch
wriggle
wring
wrinkle
wristy
wrongdoing
wrongheaded
wroth
wrought-up
xylophone
yell
yield
zany
zeal
zenith
zillion
zone
zoology
zoom

Unit 14

01

whis·tle **whistle** [hwísəl]

휘파람을 불다, 휘파람, 호루라기

to make a musical sound by blowing air

02

whit·en **whiten** [hwáitn]

희게 하다(되다) bleach, 표백 하다

to make or become white

03

whole·sale **wholesale** [hóulseil]

도매, 도매의, 대량의 large-scale

the sale of goods in quantity

04

wig·gle **wiggle** [wígəl]

흔들리다 shake, 흔들다 jiggle, 흔들림

to move to and fro

05

wince **wince** [wins]

(고통 등으로)주춤하다, 움츠림 recoil

to draw suddenly back from something painful

06
wind·mill **windmill** [wíndmil]
풍차, 바람개비 pinwheel

a machine that uses energy from the wind to turn a large wheel

07
with·draw **withdraw** [wiðdrɔ́]
회수하다 retrieve, 철회하다 retract, 인출하다

to get back or regain something taken away

08
with·er **wither** [wíðər]
시들다 wilt, 시들게 하다 fade, 쇠퇴하다 decline

to dry up

09
with·stand **withstand** [wiðstǽnd]
(공격 등에)저항하다 resist, (곤란 등에)잘 견디다 bear

to defend yourself successfully against people who attack

10
wit·ness **witness** [wítnis]
증언하다 attest, 증인 attestant,
목격자 eyewitness

to say that something exists or is true

Unit 14

11

wit·ty **witty** [wíti]

재담을 잘하는, 재치 있는 quick-witted

using words in an amusing way

12

wiz·ard **wizard** [wízərd]

(남자)마법사

a man who is believed to have magic powers

13

work·a·hol·ic **workaholic** [wəːrkəhɔ́ːlik]

일 중독자 workhorse, 일벌레

a person who works all the time

14

work·force **workforce** [wəːrkfɔ́ːrs]

노동력 labor force, 노동 인구

the total number of workers in a specific undertaking

15

work·man·ship **workmanship** [wə́ːrkmənʃip]

솜씨 skill, 기술 technique

skill of someone who works with their hands

16 worth·while **worthwhile** [wə́:rθhwail]

보람 있는 fruitful, 가치 있는 valuable

having good results

17 wound·ed **wounded** [wú:ndid]

상처 입은 injured, 다친 harmed, 마음을 상한

injured, especially in a fight or battle

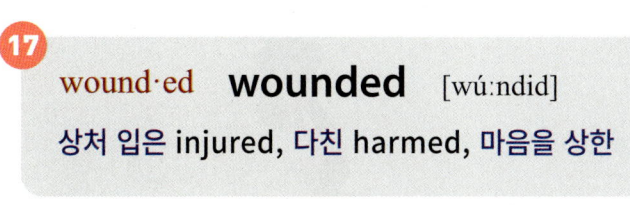

18 wran·gle **wrangle** [rǽŋgəl]

말다툼하다 quarrel, 다투다 fight,
언쟁 disagreement

to argue with someone angrily

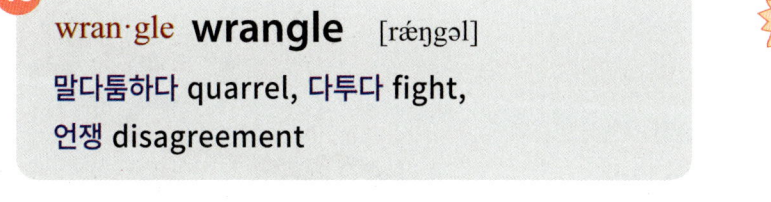

19 wrap **wrap** [ræp]

감싸다 bandage, 포장하다 package, 비닐 랩

to cover by circling or folding something around

20 wreath **wreath** [ri:θ]

(애도의)화환, 화환 garland, 화관 chaplet

a circle made from flowers put on the place where a person is buried

Unit 14

21
wreck **wreck** [rek]
난파하다(시키다), 파괴하다 destroy, 난파 shipwreck

to be badly damaged and sink

22
wretch **wretch** [retʃ]
불행한 사람 unfortunate, 가엾은 사람 lowlife

someone who is poor or unhappy

23
wrig·gle **wriggle** [rígəl]
꿈틀거리다 wiggle, 몸부림 침

to twist one's body from side to side with small quick movements

24
wring **wring** [riŋ]
짜다 twist, 비틀다 wrench, 쥐어짬 squeeze

to tightly twist a wet cloth in order to remove water

25
wrin·kle **wrinkle** [ríŋkəl]
(얼굴에)주름을 잡다 crinkle, 주름지다, 찡그리다, 주름 crease

to form small folds in something such as skin or clothes

26
wrist·y **wristy** [rísti]
손목을 사용한, 손목이 센

using strong movement of the wrist

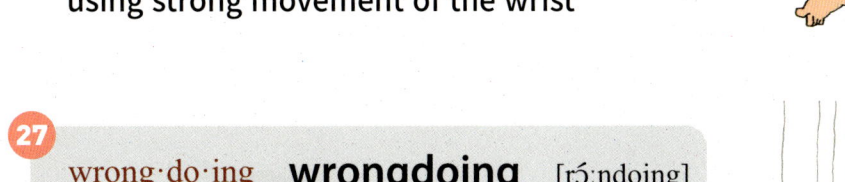

27
wrong·do·ing **wrongdoing** [rɔ́:ŋdoing]
부정행위 misbehavior, 비행

an act that is wrong, evil, or blameworthy

28
wrong·head·ed **wrongheaded** [rɔ:ŋhédid]
(생각이)비뚤어진, 사리에 어두운, 완고한 stubborn

wrong in judgment or opinion

29
wroth **wroth** [rɔ:θ]
화가난 angry, (바람 따위가)사나워져서 furious

in a rage

30
wrought·up **wrought-up** [rɔ́:tʌp]
짜증난 annoyed, (지나치게)흥분한

feeling irritated

Unit 14

31

xy·lo·phone **xylophone** [záiləfoun]

실로폰

a musical instrument with a series of metal bars

32

yell **yell** [jel]

소리 지르다 shout, 고함 소리 outcry

to shout or say something very loudly

33

yield **yield** [ji:ld]

생기게 하다 produce, 양도하다 surrender, 산출 output

to produce profits, crops, etc.

34

za·ny **zany** [zéini]

어릿광대 clown, 바보 fool, 익살맞은 comic

a person who plays the clown in order to amuse others

35

zeal **zeal** [zi:l]

열의 enthusiasm, 열정 passion

eagerness to do something

36
ze·nith **zenith** [zí:niθ]

(경력 등의)절정 summit, 전성기 heyday

the summit of one's career

37
zil·lion **zillion** [zíljən]

막대한 수, 엄청난 수의 countless

an extremely large, indefinite number

38
zone **zone** [zoun]

지역으로 구분하다 partition, 구역 area, 지역 region

to make into particular areas

39
zo·ol·o·gy **zoology** [zouάlədʒi]

동물학

the science and study of animals

40
zoom **zoom** [zu:m]

붕 하고 가다 whiz, 급등하다 skyrocket, 급상승

to move quickly while making a low humming sound

단어 리스트

01	**whistle**	휘파람을 불다, 휘파람, 호루라기	11	**witty**	재담을 잘하는, 재치 있는
02	**whiten**	희게 하다(되다), 표백 하다	12	**wizard**	(남자)마법사
03	**wholesale**	도매, 도매의, 대량의	13	**workaholic**	일 중독자, 일벌레
04	**wiggle**	흔들리다, 흔들다, 흔들림	14	**workforce**	노동력, 노동 인구
05	**wince**	(고통 등으로)주춤하다, 움츠림	15	**workmanship**	솜씨, 기술
06	**windmill**	풍차, 바람개비	16	**worthwhile**	보람 있는, 가치 있는
07	**withdraw**	회수하다, 철회하다, 인출하다	17	**wounded**	상처 입은, 다친, 마음을 상한
08	**wither**	시들다, 시들게 하다, 쇠퇴하다	18	**wrangle**	말다툼하다, 다투다, 언쟁
09	**withstand**	(공격 등에)저항하다, (곤란 등에)잘 견디다	19	**wrap**	감싸다, 포장하다, 비닐 랩
10	**witness**	증언하다, 증인, 목격자	20	**wreath**	(애도의)화환, 화환, 화관

21	wreck	난파하다(시키다), 파괴하다, 난파	31	xylophone	실로폰
22	wretch	불행한 사람, 가엾은 사람	32	yell	소리 지르다, 고함 소리
23	wriggle	꿈틀거리다, 몸부림 침	33	yield	생기게 하다, 양도하다, 산출
24	wring	짜다, 비틀다, 쥐어짬	34	zany	어릿광대, 바보, 익살맞은
25	wrinkle	(얼굴에)주름을 잡다, 주름지다, 찡그리다, 주름	35	zeal	열의, 열정
26	wristy	손목을 사용한, 손목이 센	36	zenith	(경력 등의)절정, 전성기
27	wrongdoing	부정행위, 비행	37	zillion	막대한 수, 엄청난 수의
28	wrongheaded	(생각이)비뚤어진, 사리에 어두운, 완고한	38	zone	지역으로 구분하다, 구역, 지역
29	wroth	화가 난, (바람 따위가) 사나워져서	39	zoology	동물학
30	wrought-up	짜증난, (지나치게)흥분한	40	zoom	붕 하고 가다, 급등하다, 급상승

Review Test 1

A-1 우리말 뜻과 연관된 영어 뜻풀이를 |보기|에서 고르시오.

가로줄 문제 [1 ~ 4]

| 보기 |

a. to produce profits, crops, etc.
b. to make a musical sound by blowing air
c. the science and study of animals
d. to draw suddenly back from something painful

1 휘파람을 불다 ________ 2 동물학 ________
3 (고통 등으로)주춤하다 ________ 4 생기게 하다 ________

가로줄 문제 [5 ~ 7]

| 보기 |

a. to make or become white b. using strong movement of the wrist
c. a person who works all the time

5 일 중독자 ________ 6 희게 하다(되다) ________ 7 손목을 사용한 ________

세로줄 문제 [1 ~ 4]

| 보기 |

a. wrong in judgment or opinion
b. to get back or regain something taken away
c. to move to and fro
d. an extremely large, indefinite number

1 회수하다 ________ 2 막대한 수 ________
3 흔들리다 ________ 4 (생각이)비뚤어진 ________

세로줄 문제 [5 ~ 7]

| 보기 |

a. the total number of workers in a specific undertaking
b. to dry up c. to say that something exists or is true

5 시들다 ________ 6 증언하다 ________ 7 노동력 ________

A-2 A-1의 우리말 뜻에 맞는 **영어단어**를 **가로**, **세로줄**의 번호에 맞춰 써 보시오.

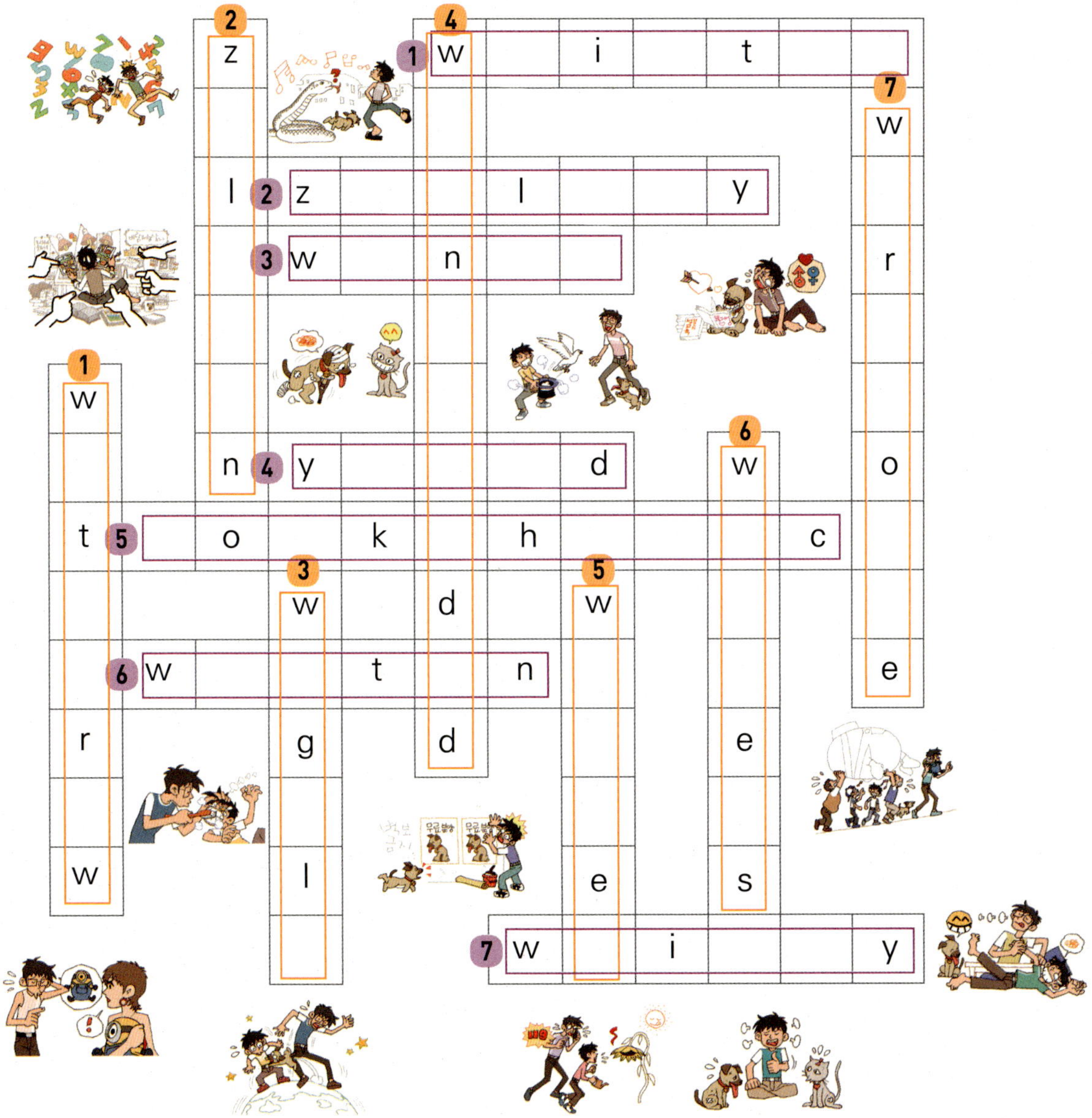

Review Test 2

B-1 밑줄로 제시된 단어의 유의어를 |보기|에서 찾아 쓰시오.

문제 [1~7]

보기		
angry (화가 난)	bandage (감싸다)	quarrel (말다툼하다)
valuable (가치 있는)	shipwreck (난파)	squeeze (쥐어짬)
crease (주름)		

1. They continue to wrangle over the problem. _ _ _ _ _ _ _
2. They tried to avoid wrecking. _ _ _ _ _ _ _ _ _
3. They gave a wet towel a wring. _ _ _ _ _ _ _
4. The dog was very wroth. _ _ _ _ _
5. The boy wrapped the wound in a clean dressing for his friend. _ _ _ _ _ _ _
6. The work he did seems to be extremely worthwhile. _ _ _ _ _ _ _ _
7. He already started to get wrinkles on his forehead. _ _ _ _ _ _

문제 [8~13]

보기		
shout (소리 지르다)	annoyed (짜증난)	summit (절정)
unfortunate (불행한 사람)	enthusiasm (열의)	injured (상처 입은)

8. He was wounded in the leg. _ _ _ _ _ _ _
9. The dog is highly wrought-up. _ _ _ _ _ _ _
10. He yelled at the top of his voice. _ _ _ _ _
11. He feels zeal for making dolls. _ _ _ _ _ _ _ _ _ _
12. The dog looks close to a zenith for making dolls. _ _ _ _ _ _
13. They had sympathy for the wretch. _ _ _ _ _ _ _ _ _ _ _

B-2 B-1의 영어문장을 표현한 만화를 찾아 **해당 번호**를 쓰시오.

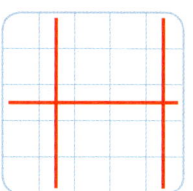

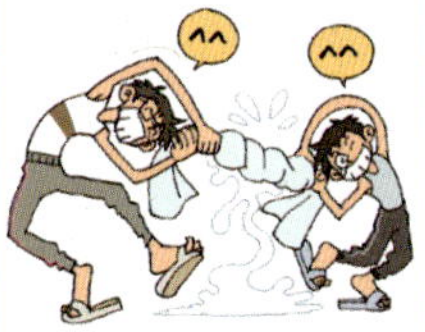

정답 Review Test

Review Test ❶

A-1

가로줄 문제

1 b 2 c 3 d 4 a

5 c 6 a 7 b

세로줄 문제

1 b 2 d 3 c 4 a

5 b 6 c 7 a

A-2

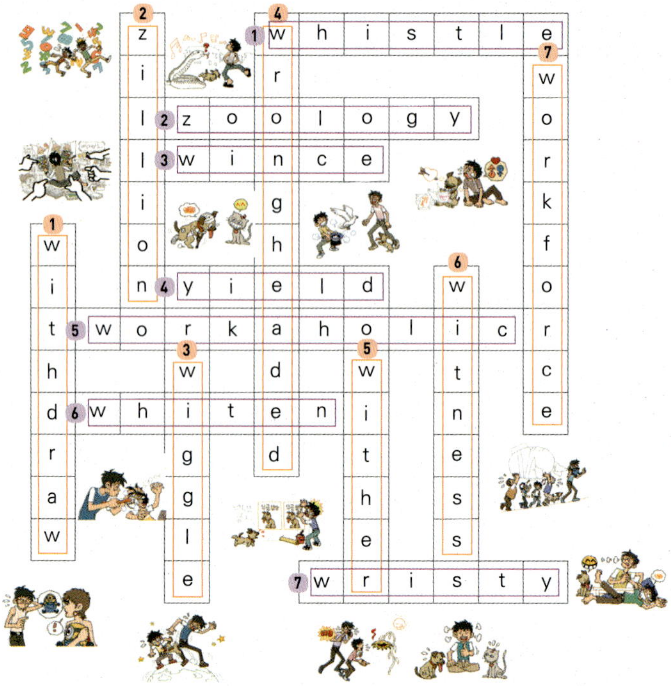

Review Test ❷

B-1

1 quarrel　2 shipwreck
3 squeeze　4 angry
5 bandage　6 valuable
7 crease　8 injured
9 annoyed　10 shout
11 enthusiasm　12 summit
13 unfortunate

[문제 해석]

1 그들은 계속 그 문제로 말다툼 하고 있다.
2 그들은 난파를 피하려고 노력했다.
3 그들은 젖은 타월을 짰다.
4 강아지는 매우 격분했다.
5 소년은 친구를 위해 깨끗한 붕대로 상처를 감쌌다.
6 그가 한 일은 매우 가치 있는 것 같다.
7 그는 벌써 이마에 주름이 생기기 시작했다.
8 그는 다리에 상처를 입었다.
9 강아지는 극도로 짜증나있다.
10 그는 목청껏 소리 질렀다.
11 그는 인형을 만드는데 열의를 가지고 있다.
12 강아지는 인형을 만드는 일에 정점에 다다른 것 처럼 보인다.
13 그들은 불쌍한 사람에 대한 동정심을 가졌다.

B-2

MANBINGO

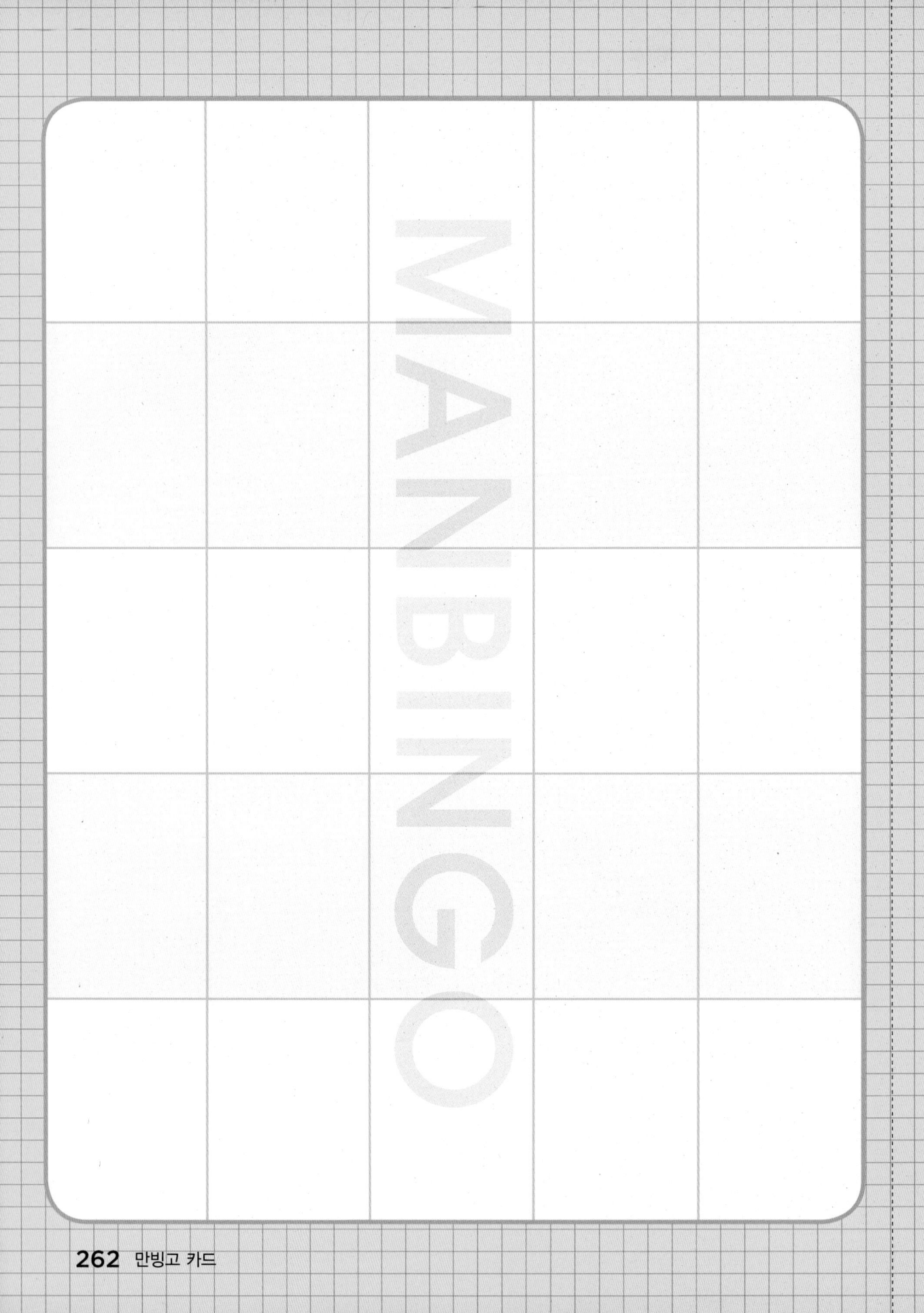

창의적 글쓰기 실례

Revised by an Instructor

❶ 수업 유형 1

▪ 4개의 만화를 소재로 창작하기 (학생이 선택한 4개의 만화)

accuracy	accuse	acquire	additional

Yesterday, I was practicing my archery to improve my accuracy, however my neighbor complained that the arrow I shot went through the window and broke it. I did not recall this event, but still my neighbor accused me of breaking the window. In order for me to repair the window I needed money. Fortunately, I won the lottery and acquired lots of money to pay for the broken window. After paying for the broken window, I gave additional money as a donation to the poor.

❷ 수업 유형 2

▪ 4개의 단어를 소재로 창작하기 (학생이 선택한 4개의 단어)

[학생 1]

achieve	accustomed	admire	accompany

I studied more than any of my friends for the midterm and achieved a perfect score. All of my friends were jealous and I have become accustomed to this new life style where all my friends look up to me. Also, I excelled in sports such as running in the marathon. I am a fast runner and won many races which my friends admire me for. Being looked up to, my friends always accompany me and want to be like me.

[학생 2]

abandon	absolutely	absurd	abundance

In the story of Hansel and Gretel, they were abandoned in the middle of the woods by their step mother. Left behind, Hansel and Gretel were absolutely devastated. It is absurd and cruel how a person could leave a child behind in the middle of the woods. However, Hansel and Gretel found a house which had an abundance of food and ate all the food they could in order to survive.

Teacher's Guide

만빙고 활동수업의 효율적 지도 방안

❶ 단어 지도

1) 만빙고는 각 Unit에 해당되는 40개의 단어로 진행됨을 공지한다.
2) 단어의 강세와 음절을 체크하며, 만화를 통해 각 단어별 뜻을 이해하도록 한다.
3) 만빙Go 교재의 각 Unit별 단어는 사전지도로서 만빙고 활동수업 전에 선행되도록 한다.

❷ 그룹 형성

1) 만빙고 활동수업은 그룹별 대항의 게임형식으로, 전체의 인원을 소규모의 그룹(최소 2명~최대 4명 정도)으로 나눈다.
2) 최소 3팀 이상의 그룹이어야 게임이 가능하므로, 정해진 명수 안에서 최대한의 그룹 수를 만들도록 한다.
3) 참여 가능 인원이 총 3 또는 4명이라면 그룹별 대항이 아닌 개인별 대항으로 진행한다.
4) 그룹을 정할 때는 쉽고 간단한 게임 형식을 도입하여 아이스 브레이킹(Ice Breaking)의 효과를 주도록 한다.
5) 교육적 효과를 더해줄 수 있는 방법으로, 영어 플래시 카드 활용을 예로 든다면, 같은 주제의 카드를 뽑은 학생들끼리 같은 그룹이 되도록 한다.[1)]
6) 주제별로 그룹별 좌석의 배치를 지정해 영어로 쓴 주제명이 눈에 쉽게 띄도록 하여 그룹별 책상위에 올려놓는다.[2)]
7) 카드는 수업 시작 전 학생들이 입실하면서 한 장씩 뽑아 본인의 카드를 확인 후 그룹별로 배치된 좌석에 앉도록 한다.[3)]

❸ 만빙고 카드 사용

1) 만빙Go 교재에 있는 가로 5칸, 세로 5칸, 합 25개의 칸으로 구성된 만빙고 카드를 사용하도록 한다.
2) 학생들이 각자의 만빙고 카드를 사용하도록 하여, 단어를 읽고, 쓰고, 말하고, 듣고, 그리고 정답을 찾아 체크함으로써, 개인별 학습 효과를 통한 개인별 성취감을 느낄수 있도록 한다.

1) 4명을 한 그룹으로 하여 5그룹을 만드는 경우를 예로 보기로 한다. 우선 5종류의 주제로 나누고 4장씩은 같은 주제의 단어 플래시 카드를 준비한다. 직업, 음식, 동물, 식물, 계절, 날씨, 색상, 신체, 질병, 감정, 교통수단, 여행, 나라, 운동 등의 주제를 정하거나, 명사, 대명사, 동사, 형용사, 부사, 전치사, 감탄사, 접속사와 같이 영어의 품사로 분류 할 수 있다. 단어 플래시 카드 외에 숙어 플래시 카드를 사용할 경우, 시작하는 알파벳이 같은 카드를 뽑은 학생들끼리 같은 그룹원이 되도록 한다. 't'알파벳끼리 같은 그룹원이 되는 예로서, take off(이륙하다), take after(~를 닮다), take part in(~에 참가하다), take care of(돌보다), take pride in(~를 자랑하다)의 카드를 가진 사람들끼리 한 그룹을 이룰 수 있다.
2) '직업' '음식' '동물' '식물' '계절' 과 같은 주제로 5개의 그룹을 만드는 경우, 그룹별 좌석의 배치를 정하고 A4 용지 같은 큰 종이에 'occupation' 'food' 'animal' 'plant' 'season' 과 같이 영어로 각각의 주제명을 적어 그룹별 책상위에 올려놓는다.
3) 차시별 그룹명을 정할 경우 주제명에 따를 수 있다.

❹ 단어 선별 및 단어 배열

1) 40개의 단어 중, 만빙고 카드 완성(가로 5칸, 세로 5칸, 합 25개 칸)에 필요한 단어는 25개로, 각각의 그룹 내 학생들이 자율적으로 단어를 선별하도록 한다.[4]

2) 그룹내 명수에 따라 단어의 수를 배분하여 선별하도록 한다.[5]

3) 단어 배열에 있어서도 자율적 배열로, 그룹내에서 조차 서로 다른 배열이 되도록 한다.[6]

❺ 언어 형식 선정

1) 언어 형식이란, 만빙고 칸을 채우는 과정, 즉 만빙고 카드를 완성하는 그룹별 활동 과정에서 사용되는 언어를 일컫는다.

2) 학생들의 영어능력 수준에 따라 Type 1의 영 / 영한(English / English-Korean : 영어를 듣고 영어와 한국어를 쓰는 형식)과 Type 2의 한 / 영한(Korean / English-Korean : 한국어를 듣고 영어와 한국어를 쓰는 형식, Type 3(영 / 영) : 영어(영어 뜻풀이)를 듣고 영어단어를 쓰는 형식으로 나뉘며, 이 세 가지의 유형 중에서 한 개의 언어 형식을 선택 하여 수행하도록 한다.

❻ 언어 형식 별 그룹별 수행 지도 방법

1) 영/영한(English/English-Korean)

- 영/영한(English/English-Korean): 영어를 듣고 영어단어와 한국어 뜻을 쓰는 형식으로, 그룹내 순번에 따라 해당 학생이 40개의 단어 중 선별한 영어단어의 발음(English)을 불러주도록 한다.[7]
- 각각의 그룹내 나머지 학생들은 그 발음에 해당되는 영어단어의 철자(English)와 한국어 뜻(Korean)을 쓰도록 한다.

2) 한/영한(Korean/English-Korean)

- 한/영한(Korean/English-Korean): 한국어를 듣고 영어단어와 한국어 뜻을 쓰는 형식으로, 각각의 그룹내 해당 학생이 40개의 단어 중 선별한 영어단어의 한국어 뜻(Korean)을 불러주도록 한다.
- 각각의 그룹내 나머지 학생들은 한국어 뜻에 해당되는 영어단어 철자(English)와 한국어 뜻(Korean)을 쓰도록 한다.

3) 영/영(English/English)

- 영/영(English/English): 영어를 듣고 영어단어를 쓰는 형식으로, 그룹내 해당 학생이 40개의 단어 중 선별한 영어단어를 영어(English) 뜻풀이로 불러주도록 한다.
- 각각의 그룹내 나머지 학생들은 불러준 영어 뜻풀이에 해당되는 영어단어 철자(English)를 쓰도록 한다.

4) 이때 선택된 단어들과 남게 되는 단어들은 그룹별로 다르게 된다.

5) 학생 혼자 독단적으로 25개의 단어를 선별하지 않도록 하고, 4명씩 한 그룹인 경우 학생 1이 6개, 학생 2가 6개, 학생 3이 6개, 학생 4가 7개를 선별하여 단어의 합이 25개가 되도록 한다.

6) 같은 단어 구성을 갖는 그룹내에서도 다른 배열의 만빙고 카드를 완성하게 하여, 개인별 수행의 성실도를 높일 수 있도록 하고, 그룹원들간의 생동감을 더해 주도록 한다.

7) 순번에 대한 설명은 '⑦ 순번 정하기'에서 설명하기로 한다.

⑦ 순번 정하기

1) 그룹내에서 의상, 신체, 소지품등을 지목하여 밝기, 크기 등의 기준을 정해 순서를 정한다.[8)]
2) 이순서는 단어를 불러주는 과정과 만빙고 게임 활동 시, 정답을 맞추어 질문의 자격이 주어졌을 때 그룹 내에서 질문자가 되는 순서로서 활용된다.[9)]
3) 순서에 따라 학생 1이 선별한 단어 6개를 불러주면 나머지 학생들은 자율적으로 만빙고 카드를 완성해 간다. 이어 학생 2가 학생 1이 선별한 단어들을 제외한 나머지 단어들 중에서 학생 1이 수행한 방법대로 불러 주도록 한다.[10)]

⑧ 단어 채우기 완성 후 발음 연습

1) 그룹별 완성되는 시간차를 고려하여 미완성된 다른 그룹의 보조를 맞추는 방법으로서, 먼저 완성된 그룹은 단어 리스트를 보며 그룹내의 팀원들과 함께 40개 단어의 음절과 강세에 유의하여 발음을 연습하도록 한다.

⑨ 질문자 정하기

1) 첫 번째 문제는 교수자가 40개의 리스트에서 한 개를 선별하여 질문한다.
2) 첫 번째 문제의 정답을 맞춘 그룹에게 교수자에 이어 질문을 할 자격을 부여 한다.[11)]
3) 정답을 맞춘 그룹은 '⑦ 순번 정하기'에서 정해진 순번에 따라 질문하도록 한다.

⑩ 문제 설명 방법

1) 질문자는 단어 리스트에 제시된 한국어 뜻을 직접적으로 말해 주지 않는 것을 원칙으로 한다.[12)]
2) 단어에 대한 유의어, 반의어, 또는 의성어 등의 다양한 설명으로 학생들이 문맥에서 정답을 유추 할 수 있도록 한다.
3) 질문자는 정확한 단어의 뜻을 이해하고 질문하도록 한다.[13)]

⑪ 거수 시 발음할 영어단어/문장 선택

1) 거수 시 발음할 영어단어란 만빙고 게임 활동 시, 문제에 대한 정답을 말할 자격을 부여하기 위해 학생들에게 미리 정해주는 단어 또는 문장이다.[14)]

8) 신체 부위를 기준한 경우, 신장, 눈, 손, 발 등이 제일 큰/작은 사람의 순으로 하거나, 헤어색상의 밝기 또는 길이 순에 따라 1,2,3,4등의 순서를 정한다. 이러한 순번을 결정하면서 그룹 내 팀원들끼리 서로의 외모를 확인하는 과정은 친밀도를 높일 수 있는 방법이 될 수 있다.
9) 예를 들어 키가 가장 큰사람이 단어를 불러주는 과정에서 1번이었다면, 만빙고 게임 활동 시 질문자가 되는 순서는 키가 가장 작은 사람의 순으로 정하는 등 그룹내의 학생들이 자유롭게 정하도록 한다.
10) 나머지 학생들도 또한 같은 방법으로 수행하도록 하여 모든 학생들이 참여 할 수 있도록 한다.
11) ⑦ 순번 정하기에서 정해진 순서대로 정답을 맞춘 그룹내의 1번이 질문자가 되도록 한다.
12) 리스트에 있는 뜻을 직접 말해 준 경우 질문의 자격을 회수하고 교수자가 질문하도록 한다.
13) 문제 설명에 오류가 있을 시, 교수자는 만빙고 게임의 분위기에 맞춰 피드백을 잘 조절하도록 한다.

2) 답을 말하기 위해 학생들은 거수를 하게 되는데, 거수와 동시에 정답을 말하는 것이 아니라, 사전에 교수자에 의해 정해진 단어나 짧은 문장을 말한다.

3) 교수자는 다수의 거수자들 중 시각적, 청각적 확인을 통해, 제일 먼저 손을 들고 발음을 한 학생을 선정하여 답을 말 할 수 있는 기회를 준다.

⑫ 정답/오답 확인

1) 학생의 답이 정답이든 오답이든 답변자의 발화에 이어 교수자는 해당 단어의 발음을 되받아 전체 학생이 정확하게 들을 수 있도록 하여 정답 또는 오답을 분명하게 확인 할 수 있도록 한다.[15]

2) 이때 교수자의 정확한 발음은 자연스러운 피드백의 효과를 주는 간접적인 발음지도의 기회가 되도록 한다.

3) 질문자는 "Yes" 나 "No"로 정답 또는 오답임을 밝히도록 한다.

4) 정답이 만빙고 카드에 있는 경우라면 그 단어를 체크 하도록 하고, 오답인 경우 다른 학생에게 대답의 기회를 준다.[16]

5) 한 학생이 정답을 맞추었으나 만빙고 카드에 정답인 단어가 없는 경우, 그 그룹은 질문할 수 있는 자격만을 갖게 된다. 이어 순번에 해당되는 학생이 만빙고 카드의 단어들 중에서 빙고 확률이 높은 단어를 골라 질문하도록 한다.

6) 학생들은 각자의 만빙고 카드에 정답인 단어가 있는지의 여부를 확인하고, 해당단어가 있으면 체크하도록 한다.[17]

⑬ 3빙고 완성 및 시상

1) 정답이 가로, 세로, 또는 대각선을 이루어 3줄이 완성되면 3빙고가 되고, 그룹원들 중 한명이라도 3빙고가 된 경우, 3빙고가 완성된 그룹으로 인정한다.

2) 이후 5개 단어를 추가로 질문하여, 다른 그룹 또는 같은 그룹내 다른 사람도 3빙고의 기회를 갖도록 한다.

3) 3빙고를 완성한 사람이 많은 그룹을 1등으로 정하거나, 또는 3빙고가 완성된 그룹별 순서에 따라 순차적으로 1,2,3등의 서열을 정한다.

4) 서열이 정해진 이후 게임은 종료되고, 달란트를 주거나 간단한 시상(캔디, 젤리 등)으로 학습능률을 제고시킬 수 있다.

5) 시상을 통해 승부욕 자극과 인정감을 부여함으로써 자발적인 수업 참여도를 높일 수 있다.

14) 영어단어나 짧은 문장을 반복적으로 연습시키기 위한 목적으로서, 만빙고 게임 시작 전에 교수자가 정한다. 강세나 음절에 주의해야 할 단어나 일상생활에서 자주 표현되는 짧은 문장으로 하고, 워밍업으로서 손을 들며 연습해보는 시간을 교수자와 함께 갖도록 한다.

15) 이것은 전체적인 게임 분위기의 맥을 이어가는 효과 뿐 아니라, 학생들이 게임에 몰입할 수 있도록 흥미로운 분위기를 유도하기도 한다.

16) 오답인 경우 같은 그룹에서라도 제일 먼저 손을 드는 학생에게 답변 할 기회를 주도록 한다.

17) 빙고 카드에 적어 놓은 단어들 중에서 정답이 있는지를 찾는 과정 그 자체가 단어와 뜻을 다시 한 번 확인하게 되는 학습의 과정이므로, 각각의 학생들은 반드시 정답을 듣는 것에 주의를 기울이고, 본인이 완성한 빙고 카드에 해당 단어가 포함되어 있는지를 잘 파악하고 체크하도록 한다.

만빙고란?

만빙고 프로그램의 개념 및 목표

1 ‘만빙고 프로그램’이란 ‘만화보고 빙고 게임’ 하는 형식의 특허 출원된 어휘중심 지도 교수법으로, 게임형식을 도입하여 필수 영단어를 자연스럽게 습득 할 수 있도록 창안된 학습 프로그램이다.

2 ‘만빙Go’ 교재를 활용한 ‘만빙고 프로그램’은 이하 ‘만빙고’로 이름 한다.

3 영어교육의 성과 목표로서 만빙고는 학생들의 영어 의사소통능력 증진을 상위 목표로, 의사소통능력에 필수 요소가 되는 어휘능력 향상을 하위 목표로 둔다.

4 교수자는 조력자로서 만빙고 게임을 진행하며, 학생들의 흥미를 유발시킴으로써 자발적 참여를 통한 학습 능률을 향상시키도록 한다.

만빙고 게임의 효과

1 시각적, 청각적 노출로 단어, 말하기, 듣기, 읽기, 쓰기 학습에 대한 학생들의 정신적 부담을 줄일 수 있다.

2 만빙고 카드를 완성하는 과정 외에 문제내기, 문제듣기, 정답듣기, 정답찾기 등 일련의 과정들이 반복되는 활동 속에서 단어 암기능력에 대한 장기기억화를 돕는다.

3 단어의 설명적 추론을 통해 상황 문맥 속에서의 단어 인지력 및 활용력을 높여 의사소통능력을 향상시킨다.[1)]

4 그룹내의 협동심과 그룹간의 경쟁심을 유발하여 학생들의 자발적이고 적극적인 수업참여를 이끈다.

5 영어 능력의 수준차와 상관없이 흥미를 일으켜 학습 동기 및 학습 의욕을 북돋아 주고 영어 학습에 대한 자신감을 높여준다.

1) 단어의 설명적 추론이란, 뜻을 직접적으로 말해 주지 않고, 동의어, 유의어, 반의어, 또는 의성어 등의 서술적 표현으로 정답을 이끌어내는 방법을 말한다.

MEMO

MEMO

MEMO

MEMO